$$Y^2$$
Ⓒ

MÉMOIRES

SECRETS ET INÉDITS

SUR LES COURS DE FRANCE

AUX

XVᵉ, XVIᵉ, XVIIᵉ ET XVIIIᵉ SIÈCLES.

IMPRIMERIE DE LACHEVARDIERE,
RUE DU COLOMBIER, N° 30, A PARIS.

MÉMOIRES

DE

GABRIELLE D'ESTRÉES.

TOME PREMIER.

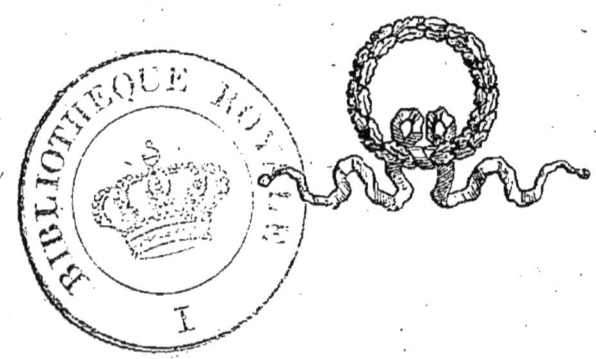

PARIS,

Mame et Delaunay-Vallée, Libraires,

RUE GUÉNÉGAUD, N° 25.

1829.

AVANT-PROPOS.

Cette collection de Mémoires secrets et inédits a été harcelée par les attaques de l'envie, de l'ignorance et de la mauvaise foi ; rien n'a fait ; la question d'authenticité sera long-temps encore débattue, bien que les Préfaces des Éditeurs n'aient rien laissé à dire aux sceptiques les plus acharnés. M. le duc de Choiseul, qui mieux que personne était à même de juger cet étrange procès où l'opinion publique se trouve partagée, n'a pas osé s'inscrire en faux contre les Mémoires de madame la comtesse du Barri. Armé des lettres originales de cette dame, il se borne à relever timidement deux légères erreurs, comme on en rencontre dans tout ouvrage non consacré aux sciences exactes. Qui donc après M. le duc de Choiseul viendra peser le pour et le contre ?

Je ne parle pas ici d'un article de journal où de belles phrases souvent tiennent lieu de bonnes raisons, où la partialité élève en paix sa tribune, où l'on fait si ample usage des arguments *ad hominem.* Le plus mince écolier dicte des arrêts d'un ton de pédagogue, et l'éternel *moi* se vient jeter au travers des sensations de tous. L'esprit de certaines feuilles n'est pas autre chose que l'esprit de contradiction. Ainsi sont la *Gazette* et l'*Universel.*

La première s'indigne, dénonce, voit la révolution dans un atome et fait de sa bile métier et marchandise. On sait apprécier ce que vaut la *Gazette*, ou plutôt ses injures valent des éloges. L'*Universel* au contraire, moins connu quoiqu'il en ait, malgré ses dénonciations, ses perfidies, ses noirceurs, ses petites joies et ses petites haines, s'en va flairant le mal qu'il peut faire ; cela s'entend du mal qu'il peut dire. L'*Universel* est une macédoine, un pot-pourri de savants et de faux savants, d'hommes estimables et des amis de M. Benaben. Il faut voir la grimace qu'il fait à tout ce qui est bien ; il admire les lignes rimées de M. Bignan, et bave sur les vers de Victor Hugo. Mais en revanche pas de pédant fourré, de sorbonniste encroûté, qui n'enviât sa très haute et très puissante critique ; il dit : *Cela n'est pas ;* ou bien : *Cela doit être ;* et tout est dit. Par exemple, après avoir lancé un pamphlet jésuitique du baron de Janville contre le cardinal Dubois, il prouve l'indigne fausseté des Mémoires de ce vénérable prélat, par cette raison irréfragable renouvelée des *Petites Danaïdes :* PARCE QUE!!! Il ne serait pas facile de se mettre au diapason de la bouffonnerie de l'*Universel.*

Trève : nous ne répondrons pas aux insipides *pourquoi* dont le public et nous sommes fatigués ; ces Mémoires amusent, on les lit, on les achète ; en dirait-on autant de vos ouvrages, messieurs? La condition du succès semblerait exclure toutes les autres. Cependant nous ne publierons pas de nouveaux Mémoires sans discuter au préalable leur authenticité plus ou moins bien établie. Permis ensuite aux ergoteurs d'essayer à faire tenir l'œuf sur le petit bout sans le briser, comme fit Christophe Colomb.

Sans doute un critique exercé découvrira sans peine un petit nombre d'erreurs dont l'auteur, ou le copiste, ou l'éditeur sera responsable. Je le répète, quel livre est exempt d'erreurs? mais Saint-Simon lui-même, laborieux annaliste de son temps, a bien placé dans la chambre de la duchesse de Berry, au moment de sa mort, son amant Riom, qui était alors à l'armée d'Espagne! Malgré cette faute grave et presque inexplicable, nul ne s'escrimera contre les Mémoires authentiques du duc de Saint-Simon, un de nos plus admirables écrivains sans contredit.

Enfin, pour le fait de l'authenticité, j'aime à m'en rapporter à M. Rémusat, plus remarquable par son esprit que par son chinois.

AVANT-PROPOS.

Lorsqu'il traduisit en français deux romans venus en droite ligne de Pékin, fort ennuyeux par malheur, il ne déposa rien chez le notaire, et je vous le demande, n'a-t-on pas fait à M. Rémusat l'injure de le croire coupable de ces deux romans chinois? Sa conduite en cette occurrence servira de modèle à la nôtre. La justice vient lentement, mais tôt ou tard elle arrive.

Que si l'on nous demande pour la mille et unième fois d'où vient cette prodigieuse provision de Mémoires, je dirai que nous avons ouvert, non pas une fabrique, mais un comptoir où nous achetons tous les papiers, lettres, journaux, mémoires concernant les cours de France; nous faisons un appel général aux possesseurs de manuscrits originaux relatifs aux grandes familles. Certes nous ne nierons pas que ce soit une spéculation, mais curieuse, intéressante et comtemptrice du temps passé au profit du temps présent. D'un autre côté, les bibliothèques publiques, celles du Roi et de l'Arsenal, si riches en matériaux de toutes sortes, sont activement exploitées par des mains laborieuses; reste la tâche de l'éditeur, qui est appelé à restaurer ce qui est trop gothique, à éclaircir ce qui est trop obscur; à faire un livre d'un manuscrit. Ainsi les Mémoires de madame du Barri ont été écrits d'après une correspondance confidentielle; ceux du cardinal Dubois publiés d'après une copie de feu Mercier; ceux du duc de Richelieu, imprimés sur le manuscrit d'un secrétaire que l'on croit être Rulhière. Enfin nos explorations parmi les manuscrits de la Bibliothèque du roi ont surpassé nos espérances; et pour renverser d'un seul coup le fragile échafaudage de critiques élevé contre l'authenticité relative des Mémoires inédits, nous ferons paraître les Mémoires du marquis de Dangeau imprimés pour la première fois, d'après l'original, ainsi que les Mémoires de la belle Gabrielle d'Estrées.

AVANT-PROPOS.

C'est au respectable Méon, éditeur lui-même de plusieurs anciens ouvrages, que je dois la connaissance de ces Mémoires sur la plus célèbre des maîtresses de Henri IV. Le manuscrit original doit être conservé à la Bibliothèque du roi, dans le fonds dit *Supplément;* car je n'oserais assurer qu'il fût la propriété de M. Méon. Ce manuscrit, d'une fort mauvaise écriture ronde, pleine d'abréviations qui nous ont induit en de graves erreurs, est sur papier, et relié en maroquin noir aux chiffres de Sébastien Zamet, qui m'en semble l'auteur ou du moins un des auteurs. C'était l'avis pareillement de feu M. Méon, si versé dans notre vieille littérature, comme chacun sait.

Dans une des dernières visites que cet excellent bibliophile rendit à la Bibliothèque du roi, dont la mauvaise santé le forçait souvent à s'absenter, j'eus occasion de lui montrer des lettres autographes sur lesquelles avaient été composés les Mémoires de madame du Barri.

« Vous ne m'étonnez pas, me dit-il, mais voilà de quoi surprendre tant de gens fort pyrrhoniens en fait d'ouvrages posthumes ; là comme ailleurs l'excès est un défaut.

» — Hé bien, lui répondis-je, vous aurez beau faire, vous ne persuaderez pas à nos demi-savants, plus dangereux encore que les ignorants, vous ne leur persuaderez jamais qu'il existe des livres non imprimés. Ils hochent la tête pour peu que l'auteur soit mort depuis un petit siècle.

» — Ce qui ne ralentit pas l'honorable May du Vatican, qui, après avoir retrouvé *la République* de Cicéron sous les écritures du moyen âge, ne manquera pas de nous compléter Tacite, Tite-Live et Ovide; car on peut dire que rien n'est perdu, mais seulement égaré.

» — Ne vous a-t-on pas attribué le *roman du Renard* que vous avez publié le premier ?

» — Non, parceque cette publication s'adressait uniquement à deux ou trois cents ama-

AVANT-PROPOS.

teurs éclairés ; mais imprimez une page inédite de Voltaire, chacun vous jettera la pierre en vous appelant trompeur et blasphémateur.

» —Voulez-vous par là m'empêcher de mettre au jour un volume inédit de Voltaire que j'ai recueilli avec l'aide de vos lumières et surtout de vos manuscrits ?

» — On ne vous croira pas.

» —Je renverrai les incrédules aux originaux.

» —On vous croira encore moins, car personne ne se donnera la peine de vérifier ce que vous avancerez.

» —Alors, que faire ?

» —Publier, se taire et attendre ; le temps fait justice ; le temps est un creuset où le vrai se sépare du faux comme l'or de l'alliage.

» —Ainsi donc, lorsque des spéculateurs ou des amis des lettres auront rendu à la postérité les correspondances inédites de Rousseau avec Lemierre et avec Roucher, la suite de la *Guerre des Dieux* de Parny, la fin des *Contes de la reine de Navarre*, le véritable cinquième livre de Rabelais, ils ne recevront pour prix de ces bienfaits que des titres injurieux et d'injustes soupçons?

» — Ne comptez pas sur un autre accueil lorsque vous publierez d'après nos manuscrits les Mémoires de Jean de Laval, comte de Chateaubriant.

» — Je me résigne à tout, puisqu'il le faut, mais c'est une triste perspective d'être si mal payé.

» — Que voulez-vous? moi-même, conservateur des manuscrits à la Bibliothèque du roi, auteur d'un catalogue fort estimé, éditeur du Roman de la Rose, des Fabliaux du onzième au quinzième siècle et d'autres vieilles poésies, ne m'a-t-on pas fait la réputation de ne savoir ni lire ni écrire?

» — C'est une plaisanterie, apparemment.

» — Hé bien, beaucoup la regardent comme article de foi. J'avais de grands projets de publications, mais je suis bien vieux, bien paralytique et bien occupé à mon *Châtelain de Coucy*. Je vais vous mettre entre les mains un trésor qui ne déparera pas votre collection des *Mémoires secrets et inédits sur les cours de France !* »

Le digne M. Méon me confia le manuscrit relatif à Gabrielle d'Estrées ; il avait fait ses adieux à la Bibliothèque, car il mourut au mois de mai suivant, après une carrière utilement remplie.

Peu de jours avant sa mort, rapportant chez lui le manuscrit dont j'avais tiré copie, je lui exprimai toute ma reconnaissance pour l'indication de ce précieux monument historique.

« Surtout, me dit-il, gardez-vous de glisser mon nom dans l'avant-propos, on penserait que l'auteur et moi c'est tout un.

» — Au contraire, il me semble que votre nom célèbre à juste titre me serait une autorité suffisante pour offrir au public ces OEconomies Royales d'une autre espèce que celles de Sully.

» — Non, vous avez l'intention d'imprimer ces Mémoires avec l'orthographe moderne, et je ne consentirai jamais à m'associer à cette profanation.

» — Quel peut être l'auteur?

» — Un ou plusieurs secrétaires, et le sieur Zamet brochant sur le tout.

» — Ce manuscrit, par hasard, n'aurait-il pas été imprimé?

» — Ma foi ce n'est pas mon affaire; allez voir M. Van-Praet, qui connaît les imprimés bien mieux que moi les manuscrits; il vous apprendra là-dessus tout ce que j'ignore. »

M. Méon nous fut enlevé à mon grand chagrin, puisqu'il n'a pu présider à l'impression de son manuscrit.

Les devoirs d'éditeur étaient de se conformer au texte et de mettre le plus de goût possible dans les retranchements comme dans les additions. Celles-ci se bornent à quelques mots nécessaires à l'intelligence du langage du temps.

AVANT-PROPOS.

J'avais idée de me livrer à d'amples dissertations pour retrouver le véritable auteur de ces Mémoires. Mais j'ai préféré laisser cette fastidieuse recherche à messieurs les Caritidès de l'*Universel*. Je crois de bonne foi que Zamet, à qui est adressée la lettre d'introduction, a fait écrire sous ses ordres et sous ses yeux la majeure partie des fastes amoureux de la belle Gabrielle. On reconnaît une main amie qui a su jeter un voile sur certains épisodes de la vie de cette maîtresse royale : elle est flattée comme de son vivant.

En dépit de la religieuse aversion de M. Méon pour la nouvelle orthographe, je n'ai pu faire autrement que de l'adopter pour satisfaire le libraire et sans doute un grand nombre de lecteurs. J'ai été avare de notes, attendu que les scolies sont insupportables dans les ouvrages d'agrément. Les académiciens, chargés de continuer les *Historiens français* de dom Brial, publieront, s'il leur plaît, ces Mémoires dans toute l'intégrité de l'original. C'est déjà beaucoup pour les gens du monde de lire plusieurs in-octavos dans le style du temps de Henri IV. Il en est qui trouvent Corneille inintelligible : *Notre vieux Corneille*, comme on dit : nous sommes pourtant dans le siècle de la couleur locale.

En outre, je me déclare coupable de la division et des sommaires de chapitres, je ne reviendrai pas sur les avantages de cette forme adoptée par les précédents éditeurs. Contre l'usage du temps, j'ai détaché le dialogue de la narration par ce signe précieux (—) inventé par Marmontel, et ce qu'il y a de mieux dans les *Contes moraux*. On supprime de cette façon une foule de *dit-il*, *reprit-il*, *répondit-il*, et toutes ces formules fastidieuses à force d'être répétées. Je n'ai donc aucun remords de cet anachronisme, de même que de légers changements, *cet* au lieu de *cestuy*; *celle* au lieu de *celle*, etc., et du rajeunissement d'un grand nombre de mots. Il faut rendre à César ce qui est à César. Voilà pourquoi, après ces explications aussi brèves que possible, je protesterai d'avance contre les commentaires de l'*Universel* et autres de même fabrique.

Si M. Méon avait été l'éditeur à ma place, les Mémoires de Gabrielle eussent été imprimés à deux cents exemplaires, chez Crapelet ; voilà pourquoi j'assume sur moi seul la bonne ou mauvaise chance d'éditeur. En tous cas, la belle Gabrielle ne sera jamais autant louée après sa mort que pendant sa vie. Son souvenir cependant est lié à celui de notre bon Henri IV !

P. L. J.

MÉMOIRES

DE

GABRIELLE D'ESTRÉES.

INTRODUCTION,

EN FORME DE LETTRE,
ADRESSÉE AU TRÈS HAUT ET TRÈS PUISSANT SEIGNEUR SÉBASTIEN ZAMET,
BARON DE MURAT ET DE BILLY, SURINTENDANT
DE LA MAISON DE LA REINE,
PAR LE SECRÉTAIRE DE CES MÉMOIRES ET JOURNAL (1).

Papiers trouvés après la mort de Gabrielle d'Estrées. — But que s'est proposé le secrétaire en recueillant ces Mémoires. — Détails sur l'ancienne famille d'Estrées et sur Jean d'Estrées. — Frères et sœurs de Gabrielle. — Sa naissance. — Son père. — Son portrait. — Le songe. — Caprices de Henri III. — Le duc d'Épernon à Cœuvres. — Courtisanerie. — Mission de M. de Montigny. — Marché conclu. — Gabrielle est conduite à Saint-Germain. — État de la cour de France. — MM. de Bellegarde et de Longueville. — Les rivaux. — L'oratoire du roi. — Le duel. — Continence de Henri III. — Montigny puni. — Dévotion en amour. — Sébastien Zamet à

---

(1) Cette introduction ne paraît pas de la même main que les Mémoires, qui sont écrits d'un style beaucoup plus délibéré. Le secrétaire prend un air d'étiquette qui rappelle souvent les *Économies royales* de Sully.

(*Note de l'éditeur.* (

Cœuvres. — Amours de Gabrielle et de Bellegarde. — Brunet et Stenay. — Les deux prétendants. — *Le roi boit!* — Retour de Bellegarde. — Gabrielle justifiée d'avoir vécu avec le cardinal de Guise. — L'amour et l'admiration.

« MONSEIGNEUR,

» Il vous souvient sans doute qu'après la déplorable et inopinée mort de madame Gabrielle d'Estrées, dame de Liancourt, comtesse d'Amerval, marquise de Monceaux, duchesse de Beaufort, laquelle a rendu l'âme à Dieu en la maison de madame de Sourdis, sa parente, le samedi 10 avril 1599; il vous souvient, dis-je, que dedans un coffre à elle appartenant de son vivant, trouvâtes force papiers de son écriture, qui est digne de si belle main, et, en ces papiers, les récit, journal et mémoires des amours de cette noble dame avec feu notre bon roi et maître Henri IV, dont Dieu ait l'âme (1)! Ces papiers n'étaient ni le fait d'un mari ni ce-

(1) Cette phrase donne à entendre que ces Mémoires ont été recueillis ou écrits après la mort de Henri IV, assassiné en 1610 par Ravaillac. On a lieu de croire que Zamet, désoccupé, prenait plaisir à se ressouvenir de son ancienne maîtresse et amie. (*Note de l'éditeur.*)

lui d'un amant tel que Sa Majesté, tournant à tous les vents d'amourettes, oublieux de la veille, et fort assidu courtisan du jour d'aujourd'hui; de sorte que ces papiers vous sont demeurés aux mains comme monument sempiternel de l'amitié que vous avez de tout temps menée avec madame Gabrielle. Vous les lisiez et relisiez bien souvent, j'imagine, pour vous entretenir en réminiscence des vertus, beauté et qualités exquises de la défunte; car nul ne l'a mieux connue que vous, cela soit dit sans vergogne, et maintes fois vous en parlez, le cœur sur la main, aussi chaudement que si elle vécût encore pour l'amour de chacun. Voilà tantôt douze ans que vous l'avez perdue, Monseigneur, et l'on peut dire que jamais perte ne fut mieux sentie : il vous arrive de lui donner des larmes comme si vous la pleuriez d'hier.

» Donc vous m'avez donné commission et licence de remettre en meilleur ordre les Mémoires de feu madame Gabrielle, non que je prétende le moins du monde les jeter en pâture au public, mais afin que vous ayez sous les yeux constamment ce qui vous plaît plus que tout, Sa Majesté Henri IV et sa mie ; car, de toutes les maîtresses que ce digne monarque a royalement aimées, la palme est restée à madame Gabrielle, comme à la plus belle, et partant comme à la plus aimée. De fait, si elle ne fût pas morte si jeune et si misérablement, nous l'eussions vue reine de France ; de sorte qu'aujourd'hui elle serait régente au lieux et place de madame Marie de Médicis. Dieu ne l'a pas voulu ! sa volonté soit faite. Cependant je m'en vais essayer de la faire revivre, tant bien que mal, moyennant ces présents Mémoires, la plupart de sa main, comme il appert, et mis au complet par votre petit serviteur indigne. Mais d'autant que ces Mémoires ne commençaient que peu avant l'amour du roi pour notre dame Gabrielle, et n'allaient pas jusqu'à ses derniers moments, il a fallu que je racontasse et sa naissance et sa mort, ce que j'ai fait en toute humilité et sans chercher aucune gloire d'auteur. Vous m'en avez dit plus que je n'en ai répété avec la plume. Vous voudrez bien corriger mes erreurs, et suppléer aux omissions. J'ai surtout abrégé, pour arriver plus vite aux véritables Mémoires de madame Gabrielle, qui, pour être sans art et sans ornements, se recommandent singulièrement par un récit simple et exact où se trouvent les moindres paroles mémorables du trois fois grand Henri IV.

» Madame Gabrielle était, sans conteste d'aucun, de la très noble et très ancienne famille d'Estrées, originaire de Picardie, et de tout temps féconde en grands hommes. Le feu roi disait souvent que le sang picard est vraiment gentilhomme. Parmi les aïeux de madame Gabrielle, je citerai l'illustre Jean d'Estrées, sieur de Valieu et de Cœuvres, grand-maître de l'artillerie de France, comme, après lui, son fils et son petit-fils, père de madame Gabrielle. M. de Brantôme n'a pas oublié, dans la *Vie des grands capitaines français*, de parler de Jean d'Estrées comme de l'un des plus dignes hommes de son état qu'il ait été possible, sans faire tort aux autres. Je le laisse dire : « C'était l'homme du » monde qui connaissait le mieux les endroits

» pour faire une batterie de place, et qui l'ordon-
» nait mieux ; c'a été lui qui le premier nous a
» donné ces belles fontes d'artillerie dont nous
» nous servons aujourd'hui... C'était un fort grand
» homme, et beau et vénérable vieillard, avec
» une barbe qui descendait très bas, et sentait
» bien son vieux aventurier du temps passé. »
En somme, Jean d'Estrées avait à la guerre une valeur inestimable, n'était qu'il professait la nouvelle religion au détriment de son âme. Monsieur son fils, qui fut Antoine d'Estrées, troisième du nom, laissa un autre Antoine, quatrième du nom, et celui-ci a prouvé que la race n'était pas déchue en sa personne. M. Brantôme n'en parle pas en des termes moins favorables. La charge de grand-maître de l'artillerie n'aurait pas dû sortir de sa famille ; mais, son père mort, ladite charge étant tombée dans les mains de M. François d'Épinay, sieur de Saint-Luc, elle revint à son vrai maître en 1597, qui ne la garda que deux ans, on ne sait pourquoi. Moi qui suis vieux et me souviens du roi François Ier, j'ai vu de mes yeux tous les chefs de

cette honnête généalogie ; ils menaient un grand train en cour, et vivaient dans l'estimation générale.

» Monseigneur Antoine d'Estrées, père de madame Gabrielle, épousa madame Françoise Babou, fille de Jean, sieur de la Bourdaisière, d'une bonne noblesse de province. Cette dame, qui était d'une beauté et d'une grâce ravissantes, donna un grand nombre d'enfants à son mari, et s'en alla mourir avec M. d'Alègre dans la sédition d'Issoire, en Auvergne, l'an 1592. Je n'entreprendrai point de digression relative à chacun des rejetons d'Estrées. Madame Gabrielle a fait en sorte de nous laisser quelques détails sur ses frères et sœurs. Je veux uniquement détailler les noms, par ordre de naissance : deux fils et six filles font, au total, si je sais compter, huit enfants, tous bien plantés et bien venus jusqu'à l'âge d'adolescence, pour le moins. François Louis, l'aîné, annonça de bonne heure qu'il ferait bien si la Parque voulait filer pour lui ; mais dans le temps qu'il s'exerçait au métier de la guerre, il mourut de blessures reçues au siége de Laon en 1594. Sa sœur Gabrielle, qui ne l'aimait pas, en fut pourtant fort contristée. François Annibal, le cadet, avait été, depuis le berceau, destiné à devenir un gentil chanteur de messes; il avait fort gaiement suivi la carrière de l'église, quand la mort de son aîné le força de quitter son petit évêché de Noyon (j'entends le bénéfice; car, pour la résidence, il ne s'en inquiétait pas); il reprit le nom de marquis de Cœuvres, et se lança dans les champs de Mars. Je ne doute pas, si Dieu lui prête vie, qu'il n'outrepasse en hauts faits son père et ses aïeux; je lui crois, en outre, les qualités requises pour faire un bon ambassadeur, et vous-même, Monseigneur, lui avez prédit qu'il vivrait long-temps et en grand honneur. Des six filles, l'aînée était madame Diane, seconde femme de Jean de Montluc, sieur de Balagny, maréchal de France, mort en 1595; la seconde, madame Marguerite, fut mariée petitement à Gabriel de Bournel, sieur de Namps. Le brave homme aurait mieux fait un eunuque du grand-seigneur qu'un mari; sa femme n'a pas laissé d'en faire un père. J'aurais passé ce scandale sous silence si vous n'en aviez souvent ri de la belle manière : ainsi ai-je fait à votre exemple. Mademoiselle Angélique, encore en vie à l'heure qu'il est, aurait mérité le prix des amours, si madame sa sœur Gabrielle n'avait pas existé ; elle est abbesse de Maubuisson, et ses ennemis la maltraitent de toutes sortes. Je n'ai rien à dire pour la défendre, sinon que les abbesses sont femmes comme les autres. Suit madame Gabrielle, dame de Liancourt avant d'être duchesse de Beaufort ; il en sera suffisamment parlé ci-après : c'est d'elle qu'est sortie la nouvelle famille de Vendôme, qui promet de si grandes choses en les personnes du duc et du chevalier de Vendôme. Les deux autres sœurs de madame Gabrielle furent mesdames Julienne Hippolyte, femme de George de Brancas, duc de Villars, et Françoise, femme de Charles, comte de Sauzay. Je ne m'étendrai pas plus au long sur la généalogie de la famille d'Estrées ; c'est affaire au jeune d'Hozier, qui, à la requête de monseigneur César de Vendôme, a dressé récemment une histoire nobiliaire de cette famille, remontant à Jules César en ligne directe.

» Madame Gabrielle naquit au château de Cœuvres en l'année 1572, cinquième enfant de monsieur son père, qui disait souvent : « Je n'aime pas toutes ces filles, madame ma femme; mauvaise graine rapporte mauvais fruit.

» — Monsieur, répondait madame d'Estrées, pensez-vous que je vous les choisisse ? »

» Il faut dire, pour l'amour de la vérité, que Françoise Babou n'était pas d'humeur vertueuse, et sa mort ne fut pas plus exemplaire que sa vie. Dieu m'est témoin, Monseigneur, que j'aimerais mieux avoir le poing coupé plutôt que d'écrire des calomnies; mais il est notoire que la mère de madame Gabrielle recherchait les galanteries, et avait eu plus de galants que d'enfants. Durant ses dernières années elle ne devint pas plus sage; bien au contraire elle ne déguisait plus ses affections, et son époux l'envoya où il lui plaisait d'aller. Madame Gabrielle, malgré sa piété filiale, ne s'a-

busait pas sur la méchante conduite de sa mère.
M. d'Estrées était une manière de Caton, au
cœur de fer, aimant Dieu, l'honneur et le roi,
du reste fort dégagé d'aimer les dames, voire
même de les estimer ; il avait toujours un air
de reproche et impassible comme s'il eût posé
en modèle devant un peintre de portraits. S'il
n'avait pas eu de quoi s'occuper avec ses am-
bitions, il serait mort d'ennui. Je ne sais que
madame Dupêche qui, plus par son esprit que
par ses charmes, s'est rendue maîtresse de son
cœur et de ses volontés au point de lui faire
laisser la charge de grand-maître de l'artillerie,
que désirait M. de Rosny. Pourtant M. de Brantôme a dit de lui qu'il succéda à la place de
Saint-Luc comme le méritant bien, comme
l'ayant bien apprise de son brave père. « Ainsi,
» quoiqu'il tarde, le droit et la vérité rencontrent
» leur tour ; car on lui avait fait tort qu'il n'eût
» cette charge après la mort de son père. Enfin
» la vérité et le droit ont vaincu là pour lui. »
Personne ne donnera un démenti à ces paroles.
M. d'Estrées était plus qu'homme au monde

capable de remplir une telle charge de la couronne.

» La beauté de madame Gabrielle ne sera contestée par aucun, et même dans le peuple, qui d'ordinaire rebaptise les grands seigneurs selon leurs mœurs et visage, on peut encore entendre maint éloge de la *belle Gabrielle*. Tout annonce que, sous ce titre, elle parviendra jusqu'à la plus reculée postérité. Parmi les maîtresses royales je ne vois nulle à lui comparer : la comtesse de Châteaubriant avait un œil louche ; la duchesse d'Étampes marchait à la mode des canards ; madame Diane de Poitiers avait le bras droit plus long que le gauche; madame Marie Touchet semblait courbée avant l'âge; la Fosseuse était d'une extrême maigreur; madame Corisande manquait de cheveux par suite d'une certaine maladie ; madame d'Entragues portait un air si hardi, qu'on aurait cru voir un gendarme en habit féminin. Quant à madame Gabrielle, je ne lui sais pas un défaut corporel ou spirituel, et vous n'en savez pas davantage, vous, Monseigneur, qui la connaissiez dès son extrême jeunesse. Elle était grande de taille, blanche de peau, blonde de poil, ou, pour mieux dire, ses cheveux, semblables à ceux d'Aurore, brillants et dorés, étaient si touffus qu'ils eussent volontiers caché tous ses attraits jusqu'à mi-jambe ; son front était haut et ouvert ; ses yeux, d'un azur céleste, prenaient mille petits regards tendres et lascifs qui chatouillaient agréablement les cœurs ; sa bouche ne cessait de sourire à tout venant avec ses lèvres de corail fort bien faites pour le baiser ; ses dents d'ivoire n'étaient pas en peine d'avoir de quoi mordre. Enfin ses mains mignonnes, de même que ses pieds mignons, ne présageaient rien qui ne fût de bon augure pour l'amour. La nature avait fait pour son esprit autant que l'éducation ; elle avait la repartie vive et gentille, et n'était pas incapable d'un discours de longue haleine, comme elle l'a prouvé en mainte circonstance. Elle savait l'histoire ancienne et quelque peu de latin, jouait du luth et des orgues, chantait comme une sirène, dansait toute sorte de danses, et, comme ses Mémoires empêchent d'en douter, écrivait d'un joli style. Sa Majesté, en outre, vous a fait don de ses lettres, que j'ai remises en leur lieu, et, à vrai dire, ce sont des épîtres dignes, non de saint Paul, mais d'Ovide.

» Madame Gabrielle cependant n'avait pas eu force instituteurs, car sa maison, quoique noble, était pauvre et dépourvue de ressources; d'ailleurs madame sa mère, dissipée qu'elle était en sa conduite, ne songeait guère à entretenir honnêtement les filles que Dieu lui donnait. Tandis que M. d'Estrées était en guerre, il arriva souvent que dans le château de Cœuvres le pain était rare, et madame Babou n'en faisait pas plus triste chère amoureuse. Je laisse à penser le bel exemple que ce fut pour mesdemoiselles d'Estrées (1), car madame leur mère ne se contentait de cette galanterie chevaleresque dont les modèles sont à la cour de France;

(1) Le pauvre secrétaire ne s'aperçoit pas qu'en s'élevant contre le libertinage de madame d'Estrées il fait une critique amère de Gabrielle et de ses sœurs.

(*Note de l'éditeur.*)

il fallait avec elle agir beaucoup et parler peu. Ses filles donc apprenaient plus de mal que de bien. Or madame Gabrielle, qui vivait fort retirée, étudiait et priait à part soi.

« Mademoiselle, lui dit un jour madame d'Estrées, vous devriez aimer quelque brave paysan plus riche que de gros gentilshommes, et l'épouser, non par gloriole, mais à cause de ses richesses.

» — Madame, reprit Gabrielle en fille bien apprise, je ne ferai rien dont puisse rougir mon honoré père.

» — Petite, tu resteras donc demoiselle toute ta vie durant, et puis encore après.

» — Qu'importe, madame? mais je ne le crois pas.

» — Pourquoi cela?

» — Parceque ma nourrice m'a prédit que j'aurais alliance avec le premier du royaume de France.

» — Ce serait donc le roi?

» — Peut-être oui, peut-être non.

» — La belle chose que les peut-être! On va droit en paradis avec cela!

» — Ce n'est pas tout, j'ai songé cette nuit que j'avais de beaux et jolis enfants tout habillés de fleurs-de-lis!

» — Ils sortaient sans doute de dessous le manteau royal?

» — Je ne sais; mais ils portaient un air magnifique. et je me suis vue sur un trône assise à moitié; quoique je fisse des pieds et des mains, je n'ai pu m'y seoir tout-à-fait!

» — Allez, folle que vous êtes, je vous conseille d'être mère avant que d'être mariée; mieux vaudrait jeter votre langue aux chiens. »

» Ce songe, à l'instar de celui de Joseph, rendit jalouses les autres sœurs de madame Gabrielle, de manière qu'elle répétaient : « Cette pécore s'imagine donc devenir princesse ou reine de France? mais ce n'est pas en nous qu'elle aura des marchepieds. » Néanmoins comme celle-ci croissait en beauté, les plus huppés seigneurs des environs de Cœuvres s'émancipèrent en déclarations qui ne furent ni acceptées ni rendues. Chacun s'étonnait de cette sagesse, qui n'était qu'indifférence. Madame Gabrielle se sentait prédestinée à de plus nobles destins. L'évènement démontra qu'elle n'avait qu'à vouloir pour devenir grande dame.

» Le roi Henri III, plus capricieux que trois femmes, se lassait quelquefois de messieurs ses mignons. Alors il avait besoin de refaire son appétit par de menues aventures qu'il payait en roi. Son exigence n'était pas petite, car il ne faisait nul cas d'une déesse de cour; les nobles dames sont, comme on sait, d'une humeur fort accommodante. Il leur disait fort rudement: « Le diable vous emporte! » Mais quand par hasard un de ses serviteurs découvrait quelque belle de carrefour ou de province, vertueuse ou passant pour telle, timide, revêche ou novice, si faire se pouvait, notre bon sire Henri III en tirait parti de son mieux. L'affaire était vite convenue, attendu qu'un roi ne connît de cruelles que la maladie ou la mort. Vous m'avez maintes fois raconté, Monseigneur, que votre adresse était renommée pour déterrer de gentils minois et des innocences de village. Sa Majesté Henri III vous savait un gré infini de votre zèle à pourvoir à ses plaisirs. Mais ce fut M. de La Valette, duc d'Épernon, qui cette fois eut l'honneur de trouver madame Gabrielle; il n'en vint pas cependant à ses fins.

» M. d'Épernon passant par Cœuvres, ouït des merveilles touchant cette belle demoiselle, qui n'avait guère plus de seize ans et surpassait toutes les Vénus de marbre qui sont au château d'Anet. M. le duc, connaisseur en pareille matière, ne partit sans voir la Vénus de Cœuvres, qu'il jugea encore au-dessus de tout ce qu'on lui en avait dit.

« Mademoiselle, lui dit-il hardiment parceque ses deux frères étaient absents comme aussi le père, venez, s'il vous plaît, en mon gouvernement d'Angoulême, et je vous promets les plus doux traitements.

» — Monsieur, reprit-elle, je vous remercie de ces belles offres; j'attendrai, pour en user, qu'elles ne soient pas honteuses à ma famille et à mon honneur.

» — C'est là parler, mignonne ; mais sachez que je suis duc d'Épernon.

» — Et moi fille du meilleur gentilhomme de Picardie.

» — Fi donc ! fierté ne convient à pauvreté.

» — Si fait, lorsque pauvreté dérive d'honnêteté. »

» Ils se séparèrent fort mécontents l'un de l'autre, ou du moins M. d'Épernon satisfait de la grâce parfaite de Gabrielle et maudissant cette vertu de gentilhommière. Il revint bientôt à la cour, où le roi, mal en finances et déjà presque détrôné, se dépitait tout seul au lieu de prendre courage. D'Épernon, dans son absence, n'avait pu suivre la mode des courtisans : sa collerette n'était plus assez ample, ses chausses assez étroites ; ses boucles d'oreilles n'avaient pas la forme et la grandeur convenables ; enfin il parut fort déplaisant à Sa Majesté, qui l'allait chasser du nombre des mignons, si M. d'Épernon n'eût regagné son amitié par une bonne nouvelle.

« Sire, lui dit-il, j'ai vu en mon voyage de quoi vous plaire !

» — Qu'est-ce donc, monsieur ?

» — Une demoiselle.

» — Par la mordieu ! nous n'en avons que faire ; j'aimerais mieux une bonne relique et deux ou trois chapelets bénits par le pape.

» — Elle est pourtant plus belle que cela.

» — Où l'as-tu rencontrée ?

» — A Cœuvres.

» — N'est-elle pas fille de mon beau cousin d'Estrées ?

» — Il est vrai !

» — Pâques-Dieu ! nous sommes vieux amis, Angélique abbesse de Maubuisson et moi.

» — Non pas ; elle se nomme Gabrielle.

» — Oui dà, mon fils, je ne la connais ni ne l'ai vue.

» — En cela je vous plains.

» — Elle est, ma foi ! bien charmante, que toi d'Épernon en parles avec tant d'éloges !

» — La langue humaine ne saurait peindre sa divinité. .

» —Sainte Vierge ! je veux qu'on la fasse venir.

» Henri III embrassa M. d'Épernon avec joie et l'aima plus que devant.

» Ce qui fut dit fut fait. M. de Montigny, très expert en ce métier, partit pour Cœuvres avec le plus d'argent qu'il put, laissant le trésor vide : il avait bien sûr, par un ordre du roi, enlevé six mille écus. La somme était grosse par les misères du temps, mais Sa Majesté avait commandé qu'on n'épargnât rien pour rendre contente madame Gabrielle. En l'attendant il passa des jours entiers à sa toilette, oignant son corps avec des senteurs, se fardant le visage et augmentant le luxe de ses vêtements. M. de Montigny arrive à Cœuvres avec la nuit; il se présente à l'hôtel d'Estrées, se disant porteur d'ordres du roi Henri. On le reçut en ambassadeur, l'assassinant de politesse, le plaçant au plus haut bout de la table; on prétend même dans le pays que madame Babou poussa l'honnêteté jusqu'à ne rien refuser à son hôte, et je le crois sans peine, car elle n'était pas femme à lui faire faute de si peu. C'est à cette dame, et non à la fille, qu'il fit ouverture de sa mission.

» Madame, lui dit-il, je suis envoyé par le roi mon maître avec commandement de ne point revenir seul.

» — Tout le monde, monsieur, serait aise de faire la route en votre compagnie.

» — Vous consentez que mademoiselle Gabrielle votre fille soit du voyage ?

» — Et pourquoi ? je vous prie. Auriez-vous à cœur d'accomplir quelque pénitence avec cette maîtresse sotte ?

» — Non, mais Sa Majesté.

» — Comment ! notre bon sire voudrait descendre jusqu'à cette enfant ?

» — Le roi, qui sait l'attachement de vous et des vôtres à son État, vous envoie ces deux mille écus à titre de don.

» — Deux mille écus !

» — Ses bontés ne s'arrêteront à ce commencement ; car de votre demoiselle il fera tout d'un coup une fille d'honneur.

» — Grand merci à Sa Majesté, que je plains de son choix.

» — De quel air pensez-vous que mademoiselle Gabrielle se plie aux volontés du roi ?

» — Avec l'obéissance d'une sujette, je suppose, tout émerveillée de l'honneur qu'on lui fait.

» — Néanmoins je suis d'avis qu'on ne lui fasse pas de leçon avant d'être rendue à la cour du roi.

» — Comme il vous plaira ; mais j'ai regret de n'être pas là pour veiller à tout. »

» Je ne me hasarderais pas, Monseigneur, à écrire telles infamies, si vous-même ne m'en aviez fait le récit ; d'ailleurs la fin me semble très honorable pour madame Gabrielle. On ne lui sonna mot de ce que Sa Majesté voulait d'elle ; et seulement sa mère, pour la mettre en belle humeur, lui dit :

« Mon ange (c'était le nom qu'elle lui donnait, eu égard à celui de Gabrielle), le roi a pour nous des gracieusetés admirables ; voici qu'il me fait tenir deux mille écus des mains de M. de Montigny.

» — Vraiment, madame ! est-ce quelque vieille dette criarde entre Sa Majesté et vous ?

— Vous le lui manderez de ma part, car voici que vous allez partir pour la cour.

» — Pourquoi faire, madame? dites-le-moi.

» — Il vous suffit de savoir que ce bon roi veut prendre soin de votre établissement.

» — Sur ma vie! c'est prendre trop de soins, et je l'en tiens quitte.

» — Monsieur votre père le veut, et moi, qui suis votre mère, je le trouve bon ; ainsi pas de révolte, je vous en convie.

» — Madame, vous répondrez devant Dieu de ce qui arrivera. »

» En fille docile qu'elle était, mademoiselle d'Estrées n'opposa plus de résistance, qui n'eût servi de rien, d'autant que M. de Montigny ni pour or ni pour argent n'aurait voulu lâcher sa proie. Elle monta une fringante haquenée blanche, et fut en cet équipage conduite à Saint-Germain, où était la cour, assez médiocre à cette époque et retentissante de bruits de guerre ; car la journée des Barricades avait laissé à l'union le temps de s'établir maîtresse d'une part de l'État. Toutefois les petits ciseaux de madame de Montpensier n'avaient pas encore réussi à donner au roi de France et de Pologne une troisième couronne de moine. M. de Montigny menant à Sa Majesté madame Gabrielle tout en pleurs, avait l'air d'un triomphateur romain allant au Capitole. La venue de la belle Gabrielle, comme on la désignait déjà, avait été proclamée, pour ainsi dire, à son de trompe; aussi, sur son passage, elle vit ou put voir tous les premiers gentilshommes, desquels M. de Bellegarde n'était pas le dernier. De fait elle ne remarqua que celui-là, et fut remarquée de tous.

» Dans le temps que M. de Montigny, entré au cabinet du roi Henri III, rendait compte de son message, M. de Bellegarde s'approcha de madame Gabrielle avec de beaux saluts et des paroles douces comme miel, si bien que cette demoiselle eut à peine levé les yeux à l'encontre des siens, qu'elle sentit son cœur lui échapper.

« Madame, lui dit M. de Bellegarde, heureux cent fois, fût-il roi ou prince, celui qui sera aimé de vous!

» — Monsieur, répondit-elle en rougissant, il n'est pas que d'être roi pour inspirer un sentiment d'estime tel que celui que vous m'inspirez de prime abord.

» — Ah! madame, vous m'en dites trop ou pas assez.

» — Monsieur, n'allez pas si vite en besogne, et vous arriverez plus tôt.

» — Enfin, belle et chère dame, quelle figure puis-je faire auprès d'un roi de France?

» — Quoi donc! avez-vous l'esprit à l'envers, et que suis-je à vos yeux? »

» — Bellegarde, se prit à dire M. de Longueville qui vint aussi se brûler à la chandelle, je gage que tu te donnes pour le phénix des amoureux, et cette belle dame rit sous cape de ton outrecuidance.

» — Monsieur, interrompit madame Gabrielle, êtes-vous sorcier pour si mal deviner mes pensées?

» —Longueville, s'écria Bellegarde tout ému, depuis quand es-tu du métier des importuns?

» — Depuis que les vaniteux font les beaux parleurs, réitéra Longueville.

» — Messieurs, dit madame Gabrielle, faites que je ne sois pas cause d'une querelle entre deux braves gentilshommes.

» — M. de Bellegarde, répondit M. de Longueville rengaînant sa colère avec son épée, je m'estimerais bien heureux de croiser deux lames en l'honneur de deux beaux yeux.

» — Moi de même, M. de Longueville. »

» Cette scène, plus animée que je ne dis, eut lieu dans la galerie attenante à la chambre du roi. Vous, Monseigneur, qui étiez présent, m'avez rapporté les propos des deux rivaux d'amour ; car un coup d'œil de mademoiselle d'Estrées avait causé deux incendies à la fois. On avertit madame Gabrielle que le roi l'allait recevoir en son oratoire. Bellegarde et Longueville comprirent le motif de cette entrevue, et leur échauffaison se ralluma dans l'instant ; ils ne se parlèrent pas de bouche, mais des yeux, et tous deux sortirent sans attendre le retour de la belle, de peur d'attendre trop long-temps. Ils marchèrent fort précipitamment jusqu'à ce qu'ils fussent rendus dans la cour, derrière un amas de boulets de canon. Le lieu était favorable pour s'escrimer aussi rudement qu'eût fait Bussy-Leclerc, et bien qu'ils n'eussent pas de parrains ni de témoins, ils jetèrent bas leurs chapeaux et leurs mantelets, puis se ruèrent l'un contre l'autre avec de grands coups d'estoc et de taille.

» Pendant ce temps-là madame Gabrielle était arrivée à l'oratoire où le roi la désirait, non pour prier Dieu, m'est avis. Elle ne fut pas du tout effrayée de se voir seule à seul avec un roi de France qui n'avait d'air imposant qu'autant qu'il parlait en public. Sa Majesté fut ravie, de son côté, de cette grâce décente répandue en toute la personne de madame Gabrielle, qu'il fit asseoir sur le même siége que lui.

« Sire, lui dit-elle, je vous rends grâce de vos générosités, et suis par là l'interprète de ma famille.

» — Railles-tu? par le saint nom de Dieu!

» — Je veux parler des deux mille écus que

M. de Montigny a de votre part remis à madame ma mère.

» — Par Notre-Dame! deux mille écus! dis donc six mille.

» — Sire, je ne puis dire que ce que je sais, et savoir que ce qu'on m'a dit.

» — M. de Montigny a quantité de glu aux mains; j'ai idée de les lui faire couper pour l'empêcher de prendre l'argent du roi.

» — Deux mille écus, sire, ne se trouvent pas sous le pied d'un cheval, et l'on serait content à moins.

» Va, ma fille, nous réparerons au centuple le larcin de Montigny. Or çà, t'a-t-il appris ce que je veux de toi?

» — Madame ma mère m'a seulement assuré que vous daigniez me donner une condition.

» — De grand cœur; mais une mère est, ma foi! un peu bien complaisante de mettre le nez en ces mystères...

» — Sire, sortez-moi de cet embarras en me laissant aller.

» — Il faut d'abord que tu aies accoutumé

de m'aimer, non pas comme un sujet est requis d'aimer son roi, mais librement et amoureusement.

» — Ah! sire, la violence est une laide chose.

» — Maugrebleu! la belle, tu aimes, je le vois, quelque cavalier de ma cour; dis-moi qui c'est, je ne t'en garderai pas rancune : en tout cas suis-je certain que ce n'est pas moi. »

» Ils en étaient sur cette matière lorsqu'un cliquetis d'armes, non moins qu'une embrassade du roi, fit courir à la fenêtre madame Gabrielle, déjà en pâmoison à cause du malheur qu'elle appréhendait. Elle avisa dans la cour le furieux duel que poussaient MM. de Bellegarde et de Longueville.

« Sire, sire, cria-t-elle en désarroi, au secours! je mourrais s'il était tué!

» — Ton galant? ma fille, demanda le roi en souriant.

» — Sire, je vous jure avec tous les serments du monde que M. de Bellegarde n'est pas l'agresseur.

» — Quel qu'il soit, l'avantage du combat

reste à Bellegarde dont vous vous faites l'avocat.

» — Sire, ils se vont percer de part en part si vous n'y mettez ordre.

» — Holà, messieurs, cessez, je vous l'ordonne, cria le roi en paraissant à la fenêtre. Par le cierge pascal! lequel de vous est de l'union? »

» Les deux gentilshommes, honteux d'avoir été dérangés avant le premier sang, baissèrent leurs lames ainsi que leurs regards.

« Longueville, ajouta Sa Majesté, insensé d'exposer ta vie pour qui n'en donnerait un fétu! Bellegarde, bien fou de livrer au hasard d'un duel tes jours qu'on voudrait sauver au prix d'une tête plus précieuse un million de fois à tes yeux.

» — Sire, ne vous jouez pas d'un pauvre diable d'amoureux, riposta Bellegarde en fléchissant le genou, moins devant le roi que devant sa dame.

» — M. de Bellegarde, dit madame Gabrielle d'une voix pâmée, vous m'avez troublée d'une grosse inquiétude.

» — A toi la victoire! Bellegarde, reprit Longueville sans paraître fâché. »

« Et ces deux ennemis redevinrent amis avec un serrement de main. » Madame, dit le roi, j'ai fait en mon règne du bien et du mal; le bon Dieu me rémunérera en paradis pour avoir fondé les pénitents blancs, et principalement pour vous avoir fait le sacrifice de mon amour. »

« Le roi Henri III reconduisit par la main, en la galerie, madame Gabrielle, rouge encore de ce qui s'était passé. Les courtisans souriaient déjà du bout des lèvres en faisant à part eux mille jugements téméraires dont souffrait infiniment la vertu de la belle. «Messieurs, dit le roi, je vous prie pour l'amour de moi de chérir et de respecter cette honnête demoiselle, qui préfèrerait la plus vilaine mort à une action coupable. Je fais serment devant notre seigneur Jésus-Christ, qu'elle est plus belle d'âme que de corps; ce qui vous doit sembler incroyable. » M. de Montigny demeurait à l'écart, la conscience chargée des quatre mille écus.

« Montigny, l'interpella le roi, je t'ai prêté sans intérêt quatre mille écus de mon épargne; tu voudras bien, s'il te plaît, me les rendre tantôt, avec trois mille autres de ta bourse, que je t'emprunte. Vive Dieu! cette somme servira, je crois, à mademoiselle d'Estrées pour séjourner un peu en ma cour.

» — Excusez, sire, dit madame Gabrielle; mais, malgré ma bonne envie, je n'ose demeurer loin de père et mère, ainsi qu'un enfant prodigue.

» — Viens çà, Bellegarde, dit le roi à ce gentilhomme qui survint; il s'agit de retenir mademoiselle dans sa fuite précipitée.

» — Sire, répondit Bellegarde, je n'ai pas le pouvoir qu'il faut pour mettre un frein au vouloir de mademoiselle d'Estrées; et ce que je puis, c'est de la suivre jusqu'au rivage du Styx.

» — Vive Dieu, messieurs! dit le roi, j'admire la dévotion en amour comme en religion. »

» Le roi Henri III, sans plus rien entreprendre contre les refus de madame Gabrielle, la mit sous votre sauvegarde, Monseigneur, comme celle du plus sage homme de la cour. C'est vous qui avez eu sa conduite jusqu'à Cœuvres, où vous fîtes de sévères reprimandes à madame d'Estrées pour avoir si vilement vendu ce qui ne lui appartenait. « Madame, lui avez-vous dit tout grossement, le roi a des Bastilles pour châtier les perfides qui d'un vrai chrétien font un méchant huguenot ; je me tais sur ce que mérite une mère qui de sa fille sage veut faire une fille perdue. » Cependant madame d'Estrées jura ses grands dieux qu'elle n'entendait pas malice au message de M. de Montigny, et feignit très grande joie du retour de sa Gabrielle. Vous m'avez dit, Monseigneur, que vous fîtes semblant de croire cette fine langue, et que, alléché par le commerce délicieux de mademoiselle d'Estrées, vous fûtes comme Renaud dans le jardin d'Armide. L'argent du roi avait dans cette maison amené l'abondance et le contentement. Votre crédit bien connu était propre à vous concilier les bonnes grâces de cette mère toute politique dont vous ne faisiez pas grand cas. Il m'est revenu que la calomnie, si acharnée après vos pareils les bonnes gens, vous a voulu faire soupçonner de galanteries avec madame Gabrielle, qui jour et nuit ne rêvait que M. de Bellegarde. Certes, mieux qu'aucun homme du monde, vous étiez fait pour causer de l'amour et pour en tenir, mais la fortune n'a pas entre vous mis autre chose que de l'amitié de la plus forte trempe. Ajoutez à cela que pendant votre résidence à Cœuvres arriva M. de Bellegarde, le cœur percé d'une flèche de Cupidon. Madame Gabrielle n'était pas moins malade de cœur, et ce fut un concert de soupirs auquel vous n'eûtes garde de vous mêler.

» Cela ne dura pas, car M. de Bellegarde fut rappelé à son devoir, et s'en alla loin de sa mie plus amoureux que jamais, guerroyer contre les ligueurs. Pour vous, Monseigneur, le rang que vous teniez auprès de Sa Majesté vous força de remettre à d'autres temps la suite de vos amitiés ; madame Gabrielle dut avoir la larme à l'œil en vous disant adieu. De là votre parfaite et inaltérable intimité. Elle vous savait noble de naissance et de caractère, généreux de toutes mains et dévoué à vos amis; vous aviez pareillement reconnu ses bonnes et estimables qualités. Ce fut sans contrainte et comme d'instinct que vous vous êtes rapprochés par une mutuelle confiance.

» Et pendant que M. de Bellegarde était exilé à l'armée sans jouir de la vue de sa maîtresse, madame d'Estrées, avide des biens qu'elle n'avait pas, se voulut enrichir par l'alliance de sa fille avec quelque thésauriseur picard. Pour cela elle ne demanda l'avis de personne. Deux gentilshommes fort caducs et gens à coffre-fort, MM. de Brunet et de Stenay, coururent après les épousailles. Possible est qu'à l'instar du vieil Éson ils songeassent à se rajeunir, car le proverbe dit qu'il n'est rien de tel que vieux coq et jeune poulette. Madame d'Estrées favorisait leurs poursuites, et je tiens de bonne part qu'elle puisait à deux mains dans leur bourse sans compter. Ils se tourmentaient à se faire bien venir de madame Gabrielle, qui riait de les voir faire les Adonis avec la goutte et la pituite. Tous deux tendaient au même but, un solide mariage par devant notre sainte église catholique ; mais la mère seule les encourageait à prendre patience: « Mes maîtres, leur disait-elle en chatemite, la petite n'est pas mûre encore pour ce que vous en voulez faire; nous la marierons à la Pâque prochaine. » Madame Gabrielle, lasse de voir tourner autour d'elle ces deux becs d'oison, en écrivit à M. de Bellegarde, le priant au nom de tous les saints et saintes du paradis de venir la délivrer du martyre. Par la même occasion elle vous manda la même chose, Monseigneur, et vous ne prîtes pas de repos avant que les deux seigneurs poursuivants fussent appelés en cour pour être, l'un officier du gobelet, l'autre gentilhomme de la chambre du roi. Ces bons compagnons, éblouis de tant de faveur, foulèrent aux pieds toute prétention conjugale, et s'en allèrent vaquer à leur charge. L'officier du gobelet, m'a-t-on dit, était si aise, que durant la route il n'eut cessé de crier aigrement : «A boire pour le roi!»

Même en sa présentation à Sa Majesté, ce fut la première parole qu'il prononça : ce qui donna de quoi rire aux rieurs qui foisonnent auprès des princes.

» M. de Bellegarde arriva tout en hâte après que les prétendants furent partis; il se proposait de les exclure de céans par le droit de l'épée; il n'en eut pas la peine. Madame Gabrielle se sentait remise de ses ennuis, et tous les deux firent une bonne provision d'amourettes pour le temps de l'absence, qui fut longue et dura quasi jusqu'à la mort funeste du roi Henri III, mis à mort par le jacobin Jacques Clément. Il est vrai que ce pendant les lettres et billets coururent les champs, et c'était à qui gagnerait l'autre de vitesse et tendresse. Je ne parle pas de quelques courtes et trop rares entrevues qui eurent lieu à l'échappée. M. de Bellegarde, grand écuyer de France, ne pouvait quitter son service auprès du roi; il le quittait toutefois, car l'amour est plus fort que tout. C'est à ce moment que prennent commencement les Mémoires très véridiques de madame Gabrielle.

» Des langues envenimées ont dit et répété que monseigneur le cardinal de Guise a durant une année entretenu de secrettes accointances avec madame Gabrielle, dont la vertu reluit comme un soleil sans tache. Mais à ceux-là qui ont fait ces mensonges, je réponds : *Raca*. Vous-même, Monseigneur, bien instruit sur ce sujet, m'avez autorisé à démentir les traîtres ennemis de la renommée très respectable d'une belle dame. Feu le cardinal de Guise, paillard comme un vieux singe, je le sais, flairait volontiers les jeunes pucelles; il caressa si doucement madame d'Estrées, qu'elle promit beaucoup et plus que madame Gabrielle ne voulut tenir; car une mère n'a pas droit de prostituer sa fille. Le frère de celle-là, M. François-Annibal d'Estrées, alors dans les ordres ecclésiastiques, refusa de prêter les mains à cette infamie, et même fortifia sa sœur de bons conseils, dont elle n'avait pas besoin. Par là il s'attira le ressentiment de M. le cardinal, qui n'en eût pas fait un évêque de Noyon, comme fit le feu roi de paternelle mémoire.

» Reste à éclaircir l'amour de madame Gabrielle pour le roi Henri IV en même temps que pour M. de Bellegarde. D'abord je dirai que je ne vois d'amour que d'un côté, comme elle nous l'apprend fort bien elle-même. Elle brûlait en holocauste pour M. de Bellegarde, son bienaimé ; mais elle ne portait au roi qu'une admiration respectueuse et fidèle dont le vainqueur de la Ligue était digne à plus d'un titre. Ce n'est qu'après la blâmable inconstance de M. de Bellegarde, que de dépit elle se força d'aimer d'amour Sa Majesté, qui lui en sut tout le gré possible, et l'adora jusqu'à sa mort, à l'édification d'un chacun. Maintenant j'espère que nul ne prendra scandale de voir un si gentil cœur divisé en deux parts, et certes il faut plaindre celui qui ne se contenta du partage. Madame Gabrielle expliquera ces vérités mieux que je ne saurais faire, moi, secrétaire indigne de Votre Seigneurie. »

CHAPITRE PREMIER.

L'astrologie. — Mahom. — La chasse du roi à Fontainebleau. — Première apparition du grand-veneur. — Cosme Ruggieri. — *Bourbe* et *Bourbon*. — Débauches de madame d'Estrées. — Le clapier de catins. — Les sœurs. — La veillée. — Une visite de Bellegarde. — L'image de cire. — Conjurations magiques chez les jacobins. — Situation des affaires en 1589. — Périnet. — Gabrielle se rend à Saint-Cloud. — M. de La Guesle. — Singulière question. — Le jeu du roi. — Tristes pressentiments. — Le bréviaire et osaint Bellegarde. — Les deux étoiles. — Le comte d'Auvergne et Jacques Clément. — Portrait de ce jacobin. — L'interrogatoire. — Le coutelas et l'histoire de Judith. — La nuit du 31 juillet. — Assassinat de Henri III. — Récit de M. de La Guesle. — Le docteur du Portail. — Espérances. — Le cadavre. — Portrait du roi de Navarre. — Avis de Bellegarde. — Mort du roi. — Supplice de Jacques Clément. — Les entrailles. — Combat de MM. de l'Isle-Marivaux et de Marolles. — Joie dans Paris, à l'occasion de la mort de Henri III. — Les écharpes.

Un ancien serviteur de mon aïeul, lequel avait bien cent ans, m'a dans mon extrême jeunesse appris l'art divinatoire, qu'il pratiquait si habilement que les plus grands astrologues et magiciens auraient profité à ses leçons. Ce digne homme, qui toutefois n'offensait pas le bon Dieu, puisqu'il agissait sans l'intervention du diable, avait nom Mahom, ce qui faillit le priver du saint viatique, le prêtre disant que jamais saint canonisé ne s'était appelé Mahom. Néanmoins c'est à lui que je dois le peu que je sais de cette belle science par laquelle on lit dans l'avenir à livre ouvert, et je puis dire en toute franchise que jamais je ne me suis trompée d'un point. Voilà pourquoi Henri m'a intitulée la Bohémienne. En effet, je l'ai cent fois averti d'être sur ses gardes, et de redouter autant que la peste et la famine le poignard des moines, j'entends parler des jésuites. Je ne pourrais mieux ouvrir ce journal de ma vie qu'en couchant par écrit deux faits singuliers dont un seul jusqu'à cette heure est advenu. Fasse le ciel que l'autre tarde encore long-temps.

J'étais, ce me semble, pucelle de dix ans, lorsque je fus menée par mon père à la cour du roi Henri, troisième du nom. Ce n'étaient que bals et que fêtes ; tous les plaisirs se donnaient la main, et petite fille que j'étais, je voyais tout sans voir, j'entendais tout sans entendre. Cependant je me souviens d'une chasse du roi dans la forêt de Fontainebleau, et ce qui m'y arriva m'a empêchée de l'oublier. J'ignore comme il se fit que monsieur mon père fut requis ailleurs, de sorte que je fus laissée seulette à jouer sur l'herbe fraîche et à courre les papillons. Mes jeux m'occupèrent tellement, que dames, piqueurs, chevaux, toute la chasse enfin s'éloigna avant que je m'en fusse aperçue. Le silence ayant succédé au bruit, je relevai la tête et dressai les oreilles pour ouïr les derniers sons du cor. Puis je n'entendis plus rien que les feuilles tombantes et le gazouillage des oiseaux ; la nuit venait, et la peur avec elle. Je jetai des pleurs, puis des cris aigus, puis des soupirs désespérés. Écho seulement me répondit. Le cas était cruel pour un enfant bercé de contes de sorciers, d'apparitions, de larves et de fantômes. Tout-à-coup chiens d'aboyer, cors de sonner, piqueurs de crier : «Houra!» Mais personne. Je marchais en avant du côté du vacarme, m'efforçant au courage, quand à quelques pas la feuillée s'agita, et un grand homme, noir comme un charbonnier, maigre et barbu, se leva devant moi avec un terrible bruit de chasse invisible. Je serais demeurée tout ainsi que la femme de Loth muée en sel, si un signe d'aller que me fit le grand homme noir ne m'eut pressée de courir à l'aventure. Mais c'était peine inutile; cet homme formidable me suivait à la piste par mes brisées, et chaque fois que je portais mes regards en arrière, je le voyais tout prêt à m'atteindre. Ma terreur s'en augmentait; enfin, rompue de fatigue, je me laissai tomber par terre au pied d'un arbre, et le grand homme hucha en paume. Les clameurs de chiens et d'hommes se perdirent au lointain. Ce vilain chasseur, sans détacher de moi ses yeux menaçants, cria d'une voix lugubre : « Quand tu me reverras, amende-toi! » Il disparut à travers les branches. Quant à moi, je me crus morte du coup, et restai sans connaissance; elle me revint pourtant, et je ne fus pas peu étonnée de rencontrer, à mon réveil, la face de mon père, qui me croyait tout au moins dévorée par les loups. Je racontai piteusement ce qui m'était arrivé, et nul ne s'avisa d'en rire; mais beaucoup se signèrent, car il n'est pas de petit villageois qui ne sache des nouvelles du *grand-veneur* de Fontainebleau : c'est le diable, m'a-t-on dit. Je prie Dieu de ne le revoir jamais.

Cette histoire fit fortune à la cour, et on me la fit narrer pour le plaisir des dames, qui m'exhortèrent à bien remplir mes devoirs de religion; ce que j'exécutai. A peu de jours de là, comme par un beau soir étoilé je folâtrais dans les jardins des Tuileries, vint à moi M. Cosme Ruggieri, qui vit encore, bien qu'il soit plus vieux que Mathusalem. Il était comme d'habitude vêtu de velours noir, et portait en main sa baguette aimantée. «Petite, me dit-il en s'arrêtant soudain, garde de choir dans la bourbe.» En effet il y avait là un fossé peu profond et plein de boue ; je ne le vis qu'après y être entrée jusques au cou. « Ma fille, reprit ce docte homme, ceci te peut servir d'horoscope en expliquant *bourbe* par *Bourbon*. » Je me suis ressouvenue depuis que les prédicateurs de la Ligue tirèrent bon parti de cette similitude de mots. J'avais goût depuis l'enfance aux subtilités astrologiques, c'est pourquoi je ne m'indignai pas contre Ruggieri, qui, pareil au maître d'école de la fable, me tirait des sorts au lieu de me tirer du fossé. L'évènement s'est conformé à la prédiction. Depuis il m'a démontré clairement, par les oracles des astres, que j'étais prédestinée à devenir amie de Sa Majesté, et reine de France par légitime mariage.

Puisque j'en suis sur les prophéties, je ne puis omettre celle de la mort du roi Henri III, d'autant plus que se rapporte à cette mort ma première entrevue avec son successeur, le roi de Navarre. Madame ma mère, sans me savoir gré des bienfaits de Sa Majesté, vivait en grande dissipation, le plus qu'elle pouvait loin de Cœuvres, car rien de tel que des enfants pour faire rougir une coquette. Madame d'Estrées ne s'occupait aucunement de sa maison, de ses affaires, de son mari ni de ses filles. Je respecte trop mon père pour dire tout au net la belle vie qu'elle menait çà et là avec des débauchés. Ce pendant qu'elle était à se damner le plus gaiement du monde, je me conduisais moi-même tout ainsi que mesdames mes sœurs, qui fuyaient l'exemple de cette pécheresse. D'ordinaire par ses enfants une mère est chérie et estimée ; il n'en fut pas ainsi de la nôtre, car le moyen de cacher son audace à souiller le lit de mon père! Elle passait des mois hors du logis, banquetant, et faisant mille folies avec ses amants. Le scandale fut manifeste à Cœuvres et aux environs, au point que M. d'Estrées, irrité de ses débordements et de sa nombreuse progéniture, lui dit tout franc devant nous, ses filles : « Madame, on penserait, aux beaux exemples que vous offrez, que vous avez juré de faire de mon château un clapier de catins. » Le mot était dur et injuste, puisque nous ne réglions pas nos penchants sur les faits et gestes de madame ma mère : nous nous prîmes à pleurer ; ce que voyant notre bonhomme de père, il nous baisa toutes au front, et me dit bas à l'oreille : « Gabrielle, je ne te fais pas défense d'aimer M. de Bellegarde ; bien au contraire. » Mon espoir était d'en faire mon époux ; mais il a trahi mon espoir. Tandis que ma mère courait les châteaux voisins, fort abandonnée en ses plaisirs, mes sœurs et moi gardions le coin du feu, filant, devisant et ne perdant heure du jour. Nous étions d'âge à n'avoir d'autre guide que notre conscience, et souvent je fis de petits voyages pour voir Bellegarde ou Zamet, qui ne pouvaient venir à Cœuvres autant que je l'aurais souhaité. Je comptais au plus dix-huit ans, et dire que j'étais parfaitement belle, ce n'est pas mon affaire ; néanmoins je crains peu qu'on en doute. Bellegarde et Zamet ensemble, ou tantôt l'un, tantôt l'autre, me visitaient quelquefois, de préférence quand ils étaient assurés de ne point rencontrer madame d'Estrées, qui les molestait pour ceci et pour cela. Je me réjouissais fort de posséder ces deux excellents amis de différente sorte; mes sœurs m'aidaient à les bien recevoir, et souvent me laissaient la place libre, chacune tirant de son côté.

A l'époque dont je parle, c'était vers la fin de juin 1589; madame d'Estrées avait rejoint à Paris M. d'Alègre, qui de vrai avait la barbe grise, et pourtant aimait tendrement madame notre mère, toute plâtrée et ridée qu'elle fût. Je l'ai vue se farder comme un comédien de l'hôtel de Bourgogne. Dieu me préserve de dire ce que j'en sais. Dans les temps que mes sœurs et moi, par une veillée d'orage, tenions nos entretiens malgré le bruit du vent et de la pluie, M. de Bellegarde arriva sans faire annoncer, trempé, crotté, échiné, affamé, et tout d'abord reposé quand il m'eut embrassée à trois ou quatre fois. « Hé! mesdemoiselles, dit-il relevant sa moustache, que se passe-t-il céans? comment est-ce qu'on s'y porte? » Pendant que mes sœurs péroraient en même temps avec mille menus détails domestiques, j'avais essuyé ce beau cavalier tout dégouttant d'eau pluviale et devant lui je préparais un pauvre repas qui dévora comme si ce fût chère céleste dans l'Olympe avec Hébé et l'ambroisie. C'était moi qui versais à boire, et le verre ne tarissait jamais. Bellegarde n'avait pas le visage gai ni la parole gaie; il semblait inquiet et préoccupé; il répondait à tort et à travers, et ne répondait pas aux questions que faisaient mes sœurs sur l'Union, la guerre et les malheurs du royaume. Alors le roi de France, allié du roi de Navarre, ravageait le pays à l'entour de Paris, dont il machinait le siége. Mes sœurs, en personnes discrètes, s'imaginant que cette perplexité de Bellegarde provenait de moi, se retirèrent sans bruit pour nous fournir occasion d'employer le tête-à-tête.

Sitôt que Bellegarde se trouva seul avec moi, le voilà qui pleure abondamment sans m'avouer la cause de ses larmes, et répétant d'une sourde voix: « Ils le tueront, ce pauvre sire! » Je me sentis toute tremblante; car dans cette grande et vieille chambre plus éclairée par le feu des éclairs que par la lampe, j'avais l'haleine gênée et je me rapprochais de Bellegarde, moins par amour cette fois que par frayeur.

« Bellegrade, mon ami, dis-je, ne m'aimez-vous plus, que vous êtes si chagrin au fond de l'âme?

» — Par la messe! dit-il, je vous aime, Gabrielle, plus aujourd'hui qu'hier, car le véritable amour s'en va tous les jours en augmentant; mais il est juste et loyal que je gémisse sur la très lamentable destinée du roi mon maître.

» — Quoi donc! serait-il défunt ou en danger de mort?

» — Autant vaut, la magie l'a tué par avance. »

A ces mots il sortit de sa pochette une image de cire représentant Sa Majesté avec un petit couteau enfoncé dans le cœur. Je n'étais pas sans connaître ces sortiléges diaboliques, et le vieux Mahom m'avait jadis suppliée mains jointes de me garder de ces criminelles pratiques par lesquelles on dispose comme à sa guise de la vie du prochain. Je pris des mains de Bellegarde cette piteuse figure, pâle comme si elle fût dans le cercueil, et rendant du sang par sa blessure.

4.

« Mon ami, m'écriai-je en émoi, qui a fait cet abominable meurtre sur une personne royale?

» — Je ne le sais que trop, vrai Dieu!

» — Que ne le dites-vous à Sa Majesté, afin qu'il ait vengeance, sinon remède à son mal?

» — Non, ma chère, il est des choses qu'on doit renfermer en son sein! voilà le fait. Hier, à la nuit close, je demandai un gîte dans un couvent de Jacobins, et je me donnai pour ligueur afin d'être mieux traité. Le père Bourgoing, prieur des Jacobins de Paris, voyageant avec un frère dudit ordre, était festoyé par les beaux pères. Je m'excusai de les déranger en leurs offices, conciliabules et festins. Je me couchai sans débotter dans la cellule voisine de la chapelle, et dormis peu, car ce fut dans l'église un tumulte de diables déchaînés. Vers l'après-minuit, le calme revenu, je descendis pour m'enquérir des bruits et des cris qui m'avaient éveillé; les moines étaient à cuver leur vin; car dans la nef encore tapissée de noir et illuminée de cierges, je ne rencontrai personne, sinon un gros ivrogne de frappart étendu tout au long sur les degrés du maître-autel. Mais je me signai à rebours, lorsque sur ce même autel profané je distinguai une image de cire magique sous les traits de notre bon roi. Si j'avais été ceint de mon épée, j'aurais envoyé à Satan, son patron, ce porc de moine auteur de telles abominations. Je m'arrêtai à une meilleure idée : je dérobai la victime ; et de grand matin, sans dire adieu ni merci, je partis de ce moutier maudit, qui devrait s'abîmer dans les flammes comme Dathan et Abiron. »

Bellegarde ne m'en voulut pas dire davantage, quoique je l'en priasse, et j'ai pensé depuis qu'il m'avait bâti une histoire à plaisir pour se garder de révéler la vérité, n'était le nom de Bourgoing, fort remarquable pour avoir poussé Jacques Clément au parricide. En somme, cette mort du roi Henri troisième est environnée de bien étranges circonstances, et ce que j'en ai vu moi-même m'a donné lieu à réfléchir si Jacques Clément était bien en effet l'assassin De cette mort, je me souviens surtout de l'air contrit que portait le roi de Navarre, bien qu'il gagnât une couronne à la perte d'un mortel ennemi son parent. Pourtant Henri de Valois était digne d'un sort moins mauvais.

Sur la fin de juillet, Bellegarde me fit savoir par missive que le roi s'en allait assiéger Paris pour attaquer la Ligue au cœur, et qu'ainsi de long-temps il n'aurait le loisir de me voir à Cœuvres. Ce pourquoi il me priait de le venir joindre à Saint-Cloud, en cas que je fusse libre de dépenser pour lui cinq jours pleins. Il me disait en surplus que le roi de France occupait le bourg de Saint-Cloud, tandis que le roi de Navarre escarmouchait devers Meudon. Je ne me conseillai que de mon amour, et sachant que M. mon père, souffrant de ses blessures, séjournerait l'hiver à Cœuvres, c'était dire assez que pendant un siècle d'ennui il me faudrait languir sans Bellegarde. Donc, sans autrement balancer, je me mis en route avec Périnet mon écuyer, mon valet de chambre, mon devin, mon serviteur à la vie à la mort. J'eus le bonheur d'échapper aux partis qui battaient la campagne, brûlant les récoltes, forçant les femmes et tuant quiconque résistait. Arrivée à Saint-Cloud, dont la guerre civile avait fait un camp, je faillis retourner en arrière en entendant que Bellegarde était parti le matin même pour une belle expédition. Je n'osais me retirer en une hôtellerie pleine de soudards ivres et de filles de joie ; je n'osais non plus m'adresser au logis de Bellegarde, crainte de passer pour une coureuse d'aventures.

« Mademoiselle, me dit Périnet, l'homme aux bons avis, que n'allez-vous à l'hôtel du roi ?

» — A quoi bon, Périnet ? je ne suis ni moine ni gentilhomme de la chambre, et Sa Majesté, importunée en ses dévotions, me crierait : Retire-toi, Satan !

» — Vous m'avez conté l'accueil que vous a fait le roi voilà tantôt deux ans, et je le crois trop galant chevalier français pour vous dénier un logement, fût-ce en sa propre chambre.

» — Merci, je serais plus en sûreté au milieu des bois, ceux de Fontainebleau exceptés.

» — Enfin notre sire se souviendra de vous, vu que depuis certain jour vous n'avez fait qu'embellir; j'en fais garant votre miroir'

»— Allons donc, mais nous aide Dieu pour ne pas trouver au passage M. de Montigny! »

Nous eûmes grand'peine à pénétrer dans la maison de Jérome Gondi, où le roi était installé avec sa cour, mieux habillée de soie que de fer. Les gardes avaient des ordres exprès pour que nul étranger ne vînt jusqu'aux portes. Le pauvre Henri se rappelait à bon escient de maintes surprises auxquelles il avait échappé par un coup de fortune. Périnet, avec son costume bizarre, moitié grave moitié bouffon, excita les gardes à se défier de moi-même; je n'aurais pas sur ma bonne mine prêté plus de confiance que mon domestique, si le procureur-général, M. de La Guesle, ne m'eût présenté la main pour entrer. Je sus bon gré à ma figure de cette honnête façon d'agir; mais je remarquai sur le visage de M. de La Guesle une inquiétude que sans autre pensement j'attribuai à l'obcessiosité des affaires du temps.

«Madame, dit-il, n'ayez nulle crainte; Sa

Majesté aura égard à votre requête : mais votre main tremble en la mienne ! » Il me semblait que ce fût la sienne, et, sur mon âme ! je ne me trompais pas.

« Madame, ajouta-t-il distraitement et comme par ressouvenir, vous devez être sûre de l'homme qui vous accompagnait.

» — Certes oui, monsieur, il est de ma maison.

» — Pardon de ce doute; mais on appréhende des projets contre la vie du roi, et on ne saurait avoir trop de prudence. »

J'avoue que ces propos tenus à une femme de mon rang me parurent presque insensés, mais je préférai me taire là-dessus. Nous entrions dans la chambre où le roi jouait aux cartes avec M. d'O.

Sa Majesté avait ce jour-là l'apparence malade; c'était le dernier jour du mois de juillet. A notre entrée il ne leva pas la tête et ne bougea pas, les yeux fixés sur les cartes.

« Sire, dit M. de La Guesle, voici une belle dame qui souhaite parler à Votre Majesté.

» — Monsieur de La Guesle, répondit le roi dont l'esprit était ailleurs, ayez grand soin que M. Boulogne mon chapelain ne s'éloigne.

» — Oui, sire, reprit le procureur-général avec un signe de tête à mon adresse.

» — Monsieur d'O, dit le roi, serait-ce pas un double assassinat que d'occire un chrétien en état de péché mortel?

» — Je pense comme vous, dit M. d'O fort stupéfait de la question.

» — Pour moi qui ai reçu mon Créateur le vingtième du mois dernier, étant au camp de Pontoise, j'ai fait depuis le gros pécheur... C'est à vous à jeter une carte, Monsieur d'O.

» — Sire, dit encore M. de La Guesle, cette dame que j'ai conduite vers vous demande audience.

» — Allez au roi de Navarre, madame, barbota le roi dans ses dents.

» — Sire, dis-je à mon tour, je suis bien téméraire de venir troubler Votre Majesté.

» — Pourquoi cela, ma fille? le temps où je fais mes oraisons est le seul sacré; le reste appartient à mes sujets. Vous n'usurpez point la part de Dieu.

» — Sire, ne connaissant en cette ville nul endroit où me retirer jusqu'au retour de M. de Bellegarde...

» — Ah! c'est toi, ma fille; vive Dieu! tu es un modèle d'amoureuse! Je suis content de te voir. Sieds-toi, et parlons en bonne intelligence. »

Le procureur-général, M. d'O et les autres gentilshommes qui étaient là s'éloignèrent par respect, et le roi me tenant les mains me dit tout piteusement :

« Ma fille, avez-vous dit vos prières à ce matin ?

» — Sire, je n'y manquerais pas pour rien au monde, répondis-je, sans mentir.

» —En cela vous agissez prudemment, ma chère fille, car, vive Dieu! nous sommes mortels, et il vaut mieux attendre la mort qui ne nous attend pas. »

Ce propos lugubre me remit en mémoire l'image de cire percée d'un couteau, et les larmes m'en vinrent aux yeux.

« Qu'avez vous à pleurer, dit le roi, ma chère fille? Bellegarde n'est pas ici, mais il reviendra. Vive Dieu! donnez, s'il vous plaît, un coup d'œil à ce bréviaire, c'est un miracle d'enluminure! ne lisez pas les vers que Desportes y a mis; fi de telles impiétés! je les garde par pénitence et témoignage de ma méchanceté. »

Il me fit voir lui-même les riches ornements de ce livre, des figures de saints peintes et dorées; parmi elles, il me sembla reconnaître M. de Bellegarde; mais le roi tourna soudain le feuillet en disant avec un demi-sourire : « Ce sont vraiment des saints. » Puis il ferma le bréviaire non sans maussade humeur.

Il se faisait tard, et de repos j'en avais grand besoin; de sorte que je priai Sa Majesté de m'enseigner où me retirer.

«Vive Dieu! mignonne, dit-il indécis, j'aime tant Bellegarde, et j'ai si grand'peur des tentations, que je ne t'offre pas un asile en ma demeure.

» — En ce cas, sire, je me vois exposée à dormir en plein air.

» — Es-tu seule venue ?

» — Avec un mien domestique nommé Périnet, et qui est bon astrologue.

» — Par madame ma mère ! fais-le venir, que je l'interroge. »

On amena Périnet, qui, devant le roi, ne savait que faire ni que dire ; force lui fut de répondre et de montrer son petit savoir.

« Or çà, l'enfant, dit le roi, cette belle dame m'a vanté ta science à tirer des horoscopes : je veux en voir l'effet.

» — Sire, répond Périnet, je n'ai en mains mes livres et instruments ; aussi bien le ciel porte le deuil.

» — Oui-dà ! est-ce pour un roi ou un empereur qu'il s'habille de noir ?

» — Sire, m'est avis qu'il porte le deuil de la Ligue.

» — Dieu t'entende ! mon fils. Voyons, si tu n'oses me cacher en face mes vérités, conte-moi ce qu'on pense là-haut du roi de Navarre. »

Périnet voulut fournir la preuve de son

habileté, ouvrit la verrière, et jeta l'œil au firmament.

« Sire, j'aperçois une étoile unique, cria-t-il.

» — Est-elle d'un beau brillant? demanda le roi.

» — Sans doute; elle flamboie du côté de Meudon. Qu'est-ce? cette autre qui tombe et disparaît au-dessus de la maison?

» — Par la mordieu! l'ami, assez sur ce chapitre, ou tu serais garant de ce qui arrivera. »

Périnet eut le rouge au front et ne dit mot.

« Ma fille, ajouta le roi plus doucement, je m'en vais t'envoyer en un gîte sous la garde de mon procureur-général. Monsieur de La Guesle, je fie à votre honneur madame Gabrielle, qui sera mieux en votre logis qu'ailleurs.

» — Sire, j'ai regret que madame de La Guesle ne soit là pour avoir l'œil à ce que madame ne manque de rien.

» — A propos, dit le roi, a-t-on des nouvelles de Paris?

» — Sire, répondit M. de Châteauvieux, on a ouï le canon vers l'endroit où campe Sa Ma-

DE GABRIELLE D'ESTRÉES. 63

jesté le roi de Navarre. Il semble que le gros Mayenne en est venu aux mains.

» — Bonsoir, la belle, dit encore le roi en me caressant : à demain, s'il plaît à Dieu ! »

La voix dont il prononça ces mots était quasi sanglotante, et Périnet me dit en sortant : « J'aime mieux ne pas en croire les étoiles, cela serait trop déplorable. » La présence de M. de La Guesle m'avait trop distrait de ces paroles pour que j'y prisse intérêt.

Dedans le vestibule était M. le comte d'Auvergne, confessant une figure de religieux jacobin à capuchon et de l'air le plus faux qu'il fût possible. D'autres gentilshommes écoutaient, qui me parurent plus contraints que ce vilain moine. M. de La Guesle ne se tenait pas plus tranquille au dehors, car je le vis tout pâle comme par un remords.

«Mon père, disait M. d'Auvergne, y pensez-vous, à l'heure qu'il est, de vouloir parler au roi?

» — Certes oui, j'y pense, monseigneur, et vous prie d'y aviser.

» — Ces missives ne se peuvent-elles remettre à demain? car Sa Majesté est retirée pour faire ses dévotions du soir.

» — Le roi veut être seul, dit alors M. de La Guesle, et donne ordre qu'on ne le vienne troubler.

» — O mon Dieu! s'exclama le moine, si ce soir je ne le vois, jamais ne le verrai!

» — Et pourquoi donc? mon révérend, répondit M. de La Guesle. Venez à mon logis souper avec mes gens, et demain, sitôt qu'il vous plaira, je vous introduirai chez le roi.

» — Je m'excuse par avance de ce qui sera fait, » dit le jacobin en dressant ses mains au ciel. Puis il suivit M. de La Guesle dont la maison était vis-à-vis celle du roi.

Périnet me souffla ces mots à l'oreille : « Il faut avouer que le froc sert bravement ceux qui le portent. » Je ne compris cela qu'après le mal qui en advint. M. de La Guesle, tout hagard et sombre, ne disait rien de bon.

A peine étais je en son domicile qu'il fit apporter une collation à laquelle il ne toucha pas. Je ne montrai guère plus d'appétit, car le retardement de Bellegarde me l'ôtait tout. Il y eut pendant ce temps un grand bruit aux offices, et l'on vint dire à M. de La Guesle que ce moine enragé était pire qu'un diable. Il se ressouvint de l'interroger, ce qui fut fait devant témoins. « Madame, dit-il en parlant à mon écot, n'oubliez pas que j'ai pris toutes précautions en cas qu'il arrivât malheur. Je me garde des moines, qui sont gens à tout faire. »

Entra Jacques Clément, que je contemplai à mon aise : jeune, avec une face décharnée et hâve, des cheveux ras, des yeux stupides et l'air semblable. « Monseigneur, dit-il à M. de La Guesle, la confusion dont je suis cause mérite indulgence : d'enfance je suis affligé du mal caduc, et la vue des viandes excite en moi des fureurs inouïes. » Cependant la table était couverte de viandes apprêtées, et il ne fit pas mine de reprendre ses manies.

« Votre nom ? s'informa M. de La Guesle fort sévèrement.

» — Jacques Clément, jacobin.

» — Vous êtes muni de lettres au roi?

» — Oui, de la part de M. de Brionne et du premier président, M. de Harlay, tous deux en prison à la Bastille.

» — Montrez-nous celle-ci dont l'écriture m'est connue comme la mienne. »

Le religieux tira des papiers sans cachet que le procureur-général examina, lut, et dit :

« C'est cela, en vérité! A ces indices on peut vous croire comme envoyé par les amis du roi. Mais qui vous a permis de sortir des portes de Paris?

» — Cet habit. Je fus arrêté à Vaugirard par des troupes du Navarrois ; mais ces lettres furent ma sauve-garde.

» — Et tu réponds sur ta tête que deux portes de Paris seront livrées à Sa Majesté?

» — J'en fais serment devant mon Dieu, qui n'est pas le Dieu de l'Union. Le roi peut se fier à des amis et serviteurs loyaux, mais qu'il se garde de s'appuyer des hérétiques qui sont en son armée.

» — Holà! compère, vous avez du zèle à

modérer, et vous sentez la Ligue d'une lieue. »

Le pauvre moine, confus de la gourmade, s'inclina en toute humilité, et retourna finir son souper.

« Je ne sais pourquoi, dit M. de La Guesle, mais j'ai des craintes à l'égard de ce porte-capuchon.

» — Si vous m'en croyez, monseigneur, reprit Périnet qui se tenait là debout, vous l'éloignerez du roi tant plus il voudra s'en approcher.

» — Oh! répondit M. de La Guesle, le péril ne presse pas à ce point. »

Nous étions encore à table, qu'un vieux valet qui parut être l'économe vint narrer avec emphase que le jacobin avait sorti de son giron un grand coutelas dont il coupait ses morceaux en soupant.

« Mon révérend père, lui avait dit quelqu'un, vous êtes homme d'ordre, que vous n'oubliez pas votre couteau, et bien votre bréviaire.

» — Que non pas, mon frère, avait répondu

le frocard montrant un missel jauni d'avoir été lu, je ne vais jamais sans l'un et l'autre, car on ne sait le cas où l'on peut être. »

Le beau parleur, qui avait l'air de remplir un devoir plutôt que d'agir sans intention, conta encore que le moine avait répété aux domestiques l'histoire d'Holopherne tué en sa tente par Judith au siège de Béthulie.

« Voilà qui est à considérer, dit tout haut M. de La Guesle.

» — Oui, persista Périnet, ce moine est fou et plus que fou ; mieux vaudrait l'enchaîner que de le mener au roi.

» — Oh ! non pas, dit M. de La Guesle, je le veillerai de si près qu'il n'arrivera rien. »

Je m'allai mettre au lit, et Périnet en fit autant de son côté. Ces incidents m'avaient fait laisser là l'idée de Bellegarde ; je m'y attachai de plus belle avant de dormir, et de fait je ne dormis de la nuit ; car dans la maison il y eut jusqu'au jour un tumulte confus de pas, de voix et de gens, comme si l'on y tînt un sabbat de sorciers. Même sur les deux heures après le minuit des cris pareils aux cris d'un porc que l'on saigne m'attristèrent pour tout le jour suivant, qui fut bien triste pour chacun. Je me levai et m'habillai vers les sept heures et demie, espérant que Bellegarde était de retour. Le roi envoya vers moi un page pour me le faire savoir. J'accourus en hâte; mais il fallut attendre dans l'avant-chambre, car Sa Majesté, pressée d'ouïr de bonnes nouvelles pour la prise de la ville de Paris, commanda qu'on introduisît le moine jacobin de la veille.

Je vis passer le saint homme fort recueilli sous sa cuculle et se cachant aux regards. M. de La Guesle le conduisait et semblait en émoi malgré sa ferme contenance. M. de Clermont était seul en la chambre du roi, qui, m'a-t-on dit, siégeait sur sa chaise percée. La porte fermée, parut Bellegarde qui vint à moi avec mille saluts et baisements de main. Il était si joyeux de me revoir qu'il riait et pleurait tout ensemble. Tout-à-coup un grand cri partant de la chambre du roi mit fin à ces caresses d'amants. Bellegarde rompit la porte pour aller au secours de son maître; gardes, gentilshommes, de courir au bruit, et parmi de nouveaux cris répétés de toutes parts, j'entendis que le roi était assassiné et blessé à mort par le moine.

Je n'osai pas me mêler à tout ce monde qui emplissait la chambre; mais je me reculai en quelque coin, attendant la conclusion de tout ceci. Bientôt sortit M. de La Guesle l'air fort égaré et l'épée au poing; il me reconnut bien à propos, et vint à moi avec des hélas élancés du fond de sa poitrine.

« Monsieur, lui dis-je, le roi serait-il mort?

» — Pas du coup, répondit-il.

» — Qui a commis le crime?

» — Jacques Clément, le jacobin que vous vîtes hier soir.

» — Maugrebleu, s'écria Périnet qui avait pénétré jusque là dans la foule, ce n'était pas à tort que j'avertissais d'y voir à deux fois; je me rappelais à part moi les deux étoiles, l'une claire et resplendissante, l'autre petite et soudainement effacée.

» — Par l'enfer! dit M. d'O à M. de La Guesle, d'où vient que vous avez tué le tueur! on aurait su ses complices.

» — Moi, monsieur, reprit le procureur-général, je ne l'ai pas tué certainement. Le roi restait assis, lisant les papiers que lui donna l'infâme ; M. de Clermont et moi nous nous tenions loin pour laisser toute liberté à l'entretien. Mais Sa Majesté se levant, le traître moine lui enfonça son couteau dans le bas du ventre. Le roi criant au meurtre et retirant le couteau fiché en sa blessure, en frappa l'assassin au visage et par deux fois. Nous accourûmes à son aide, et comme le moine pouvait sous sa robe avoir arme quelconque, je dégainai et le poussai avec le garde de mon épée, de sorte qu'il chancelait tout ébahi de si rude guerre. Les gentilshommes vinrent aux cris du roi et ne se purent tenir de cribler de coups le parricide. Ce que voyant, hors d'état d'empêcher cette frénésie, j'ordonnai que l'on dépouillât le corps mort, et qu'on le jetât tout nu par les fenêtres pour qu'on le reconnût.

» — Était-il besoin, dit tout d'abord le comte d'Auvergne, de faire reconnaître un misérable qui a logé cette nuit chez vous?

» — Et les papiers que lisait Sa Majesté, les a-t-on aussi jetés par la fenêtre? »

A ces mots de Bellegarde, M. de La Guesle parut ne savoir que répondre. Là-dessus le médecin Du Portail vint dire que chacun eût à s'en aller chez soi, car le roi était au lit entre les mains de la faculté.

« Docteur, dit Bellegarde, la blessure est-elle mauvaise?

» — Aucunement : dans huit jours le roi pourra monter à cheval.

» — Vive le roi! crièrent les pages et les valets. »

Quant aux gentilshommes, ils demeurèrent consternés et incertains.

Puis on sut que le roi de Navarre arrivait, prévenu en route du meurtre abominable. Les courtisans se ruèrent à sa rencontre comme s'il fût déjà roi, et Bellegarde ne se retint pas plus que les autres. Pour la première fois je vis ce jour-là Henri, qui devait être mien. Souvente fois j'avais ouï vanter sa vaillance, sa galanterie et sa grandeur d'âme ; mon père savait de lui de beaux faits d'armes et d'amour qu'il nous détaillait à plaisir. Il entra dans la chambre où j'étais, le visage décomposé et les yeux gros de larmes; il tendit la main à bien des assistans, qui la baisèrent, et venant à distinguer une femme parmi tous ces hommes, selon son habitude il se dirigea de mon côté comme pour me parler, mais subitement me tourna le dos et entra chez le roi, en disant : « Mes amis, prions Dieu qu'il nous conserve ce grand roi ! »

»—Monseigneur, dit Du Portail, je ne veux pas vous leurrer d'un faux espoir, je vous rendrai le roi sain et sauf.

»— J'ai peur que non, continua de dire La Guesle, la main qui a fait le coup n'a pas tremblé. »

On se sépara les uns joyeux dans l'âme, les autres marris ; et M. de La Guesle me remmena en sa maison.

En passant dans la rue, pleine de bruit et

de gens, je remarquai le cadavre nu du moine, gisant dedans la fange et défiguré par le sang de ses plaies. Son visage était horriblement mutilé, le nez coupé, les yeux crevés; un père aurait méconnu un fils en cet état. Quant à moi qui ne m'arrêtai pas à ce spectacle cruel, j'eus idée que celui-ci n'était pas le même que le moine jacobin, et j'observai que tous deux n'avaient pas également les cheveux gris. On a depuis agité cette question : si Jacques Clément, jacobin, avait bien tué le roi, et si plutôt quelque autre ne s'était pas servi de son froc pour le crime. Je craindrais de donner mon avis en cette affaire, et m'en abstiens pour cause.

Je me renfermai en la demeure de M. de La Guesle, qui n'était pas, je suppose, tout-à-fait blanc de soupçon, et m'assis à la fenêtre pour voir la rumeur populaire. Plusieurs fois, tout vis-à-vis, le roi de Navarre regarda par les verrières du logis royal; je le pus contempler à loisir. J'en ai vergogne, mais son air me plut autant que me déplut sa figure. Je le trouvai fort peu avenant pour les dames, qui l'aimaient de passion et comme à l'envi. Son nez est prodigieux, et je me moque que cela soit d'heureux augure ; il a des yeux forts libres en regards, et tenant du Satyre antique ; sa bouche a des dents reluisantes et des lèvres trop épaisses ; sa barbe et ses crins gris le faisaient plus vieux qu'il n'était. Il salua le menu peuple, qui s'enquit des nouvelles du roi : « Mes chers enfants, dit-il, Sa Majesté ne mourra pas de cette fois, et d'avance rendez-en grâces à Dieu. » Certainement, quelqu'un m'eût dit à ce moment que j'étais future amie de ce bon roi, j'aurais juré que non ; toutefois à le voir je sentais un vrai plaisir, et je pourpensais tout bas que ce serait un digne héritier de Henri de Valois. En somme, tout le jour se passa ainsi à prévoir l'avenir, et Périnet devinant mes idées, se prit à dire :

« Madame, vous avez sur la tête la place d'une belle couronne.

» — Veux-tu pas, petit, faire de moi une religieuse ?

» — Oui, madame, si vous n'êtes pas reine à trente ans de votre âge. »

« Je ris de cette saillie, et maintenant je ne sais trop si j'en dois rire encore.

Bellegarde ne revint qu'à la nuit close, et encore aussitôt venu, aussitôt reparti à son devoir.

» — Mon cœur, me dit-il, il vous faut retourner à Cœuvres ou aller à Paris, car nous allons avoir beaucoup à faire.

» — Ainsi vous me chassez, ingrat?

» — Non, pour le paradis, je n'en ferais rien. Mais avant tout dois-je songer à votre sûreté, et le roi mort, il y aura de grosses séditions.

» — Quoi! le roi est-il si mal?

» — Hélas! le pauvre sire, au dire des médecins, serait quasi sain et sauf, et moi qui n'ai quitté sa chambre, je vois bien qu'il s'en va mourir : le couteau était empoisonné.

» — La vilaine nouvelle!

» — Sa Majesté (et cela console de tout) s'est confessée bien dévotement à tout risque, et mourra bien absoute.

» — Mais que ne parlez-vous du poison?

» — Ce serait me nuire sans apporter aucun aide au moribond : l'assassin, ce pensai-je, a des complices parmi ceux-là qui se montrent les plus contristés.

» — Adieu donc, mon ami, je m'en vais demain matin à Paris, visiter madame de Sourdis, ma tante et marraine, et le seigneur Zamet.

» — A Paris ! ma chère mignonne? mais nous allons en faire le siége, et ce sera d'un petit danger tomber en un pire.

» — Bon, la mort du roi déroutera vos desseins, et deux jours sont plus qu'il ne faut pour faire mes affaires.

» — Adieu cent fois, écrivez-moi sans relâche, et adieu encore. »

Il s'éloigna vitement de peur de ne pouvoir s'éloigner avant le jour.

Ce fut une nuit de troubles et de méchants rêves. Il ne luisait pas un rayon au ciel, que dans la rue passèrent au galop des hommes d'armes; c'était le roi de Navarre qui, revenu à Meudon fort bien rassuré sur la vie du roi, avait été averti que le roi trépassait. Le bruit fut grand dans le logis de Henri troisième; M. de La Guesle, qui je pense, avait peu ou pas dormi, me vint dire que mes chevaux étaient sellés. Je le remerciai de son hospitalité, me sentant soulagée, et me mis en selle, ainsi que Périnet. Déjà de par Saint-Cloud la mort de Valois était répandue, et l'on se demandait qui donc serait roi. Ceux-ci nommaient le duc de Guise, ceux-là le cardinal de Bourbon, d'autres M. de Mayenne, la plupart le roi de Navarre, qui dans l'intérieur de l'hôtel du roi venait d'être reconnu par les gentilshommes, avec l'aide de MM. de Sancy, de Givriy et de Biron. Plusieurs toutefois se retirèrent, dont les plus considérables furent MM. de Vitry et d'Épernon. Je m'en allais au petit pas de ma monture, lorsque passant sur la place de l'église je vis une multitude de gens attentifs au supplice du jacobin parricide, ou du moins de son corps mort, selon les ordres de mondit roi de France et de Navarre, Henri quatrième du nom; ce corps était tiré à quatre chevaux et mis en quatre quartiers, qui furent brûlés des mains du bourreau. Je n'eus garde d'attendre la fin de l'exécution, et je piquai ma haquenée. Je n'étais pas hors de Saint-Cloud que me joignit Bellegarde, le visage ruisselant de larmes :

» Un adieu n'est pas assez entre vrais amoureux, me dit-il de loin, cent ne sont pas encore suffisants. Mais en amour devrait-on se dire adieu.

» — Notre bon roi est mort, répondis-je toute larmoyante.

» — Il a rendu l'âme à Dieu en faisant le signe de la croix, et ses féaux serviteurs de long-temps ne le croiront remplacé.

» — Qui aurait pensé qu'il dût sitôt mourir, lorsque l'autre hier il me parlait si amiablement ?

» — Ah! ma chère, ce qui fait frémir, c'est qu'il fut assassiné au même lieu, au logis même, au même mois, même jour, à l'heure même qu'il avait conclu le massacre de la Saint-Barthélemi !

» — Entendez-vous dire par là que les protestants ont fait le coup?

» — Dieu m'en garde! Mais, chose horrible! dès que le roi fut mort, les médecins pour embaumer son corps ayant enlevé ses entrailles, qui furent mises en un coffret, ce coffret a été trouvé l'instant d'ensuite percé de coups de poignard et d'épée, de sorte que les entrailles saignaient de tous côtés. Bon Dieu! ce crime est un second parricide. »

Il était temps de nous quitter; ce que nous fimes après une suite non interrompue d'embrassades. Bellegarde m'avait donné avis de traverser la rivière et de passer à Meudon, pour moins d'inquiétude, car les alentours de Paris étaient fors dangereux à cause des voleurs et détrousseurs de passants.

La route fut silencieuse et sans malencontre; Périnet ne mit pas d'obstacles à mes pensées, que les évènements présents occupaient fort, et nous arrivâmes enfin aux faubourgs. Aux approches du couvent des Chartreux, nous avisâmes un gros de gens armés, et nous appréhendâmes de tomber au beau milieu des pillards. Périnet se tint prêt à une attaque, et je continuai d'aller en avant, quoique le cœur me battit de crainte. Ce n'était pourtant qu'un combat à la lance, qui devait avoir lieu entre Jean de l'Isle de Marivaux, du parti du roi, et Claude de Marolles, du parti de la ligue. Les ligueurs seuls étaient venus au nombre de trois cents, portant des écharpes noires depuis la mort de MM. de Guise à Blois. Périnet me persuada de rester pour voir l'issue de ce combat; M. le chevalier d'Aumale, plus galant que ses frères, de l'Union, s'en vint à ma rencontre, me priant de soutenir la Ligue par ma présence.

» — Monsieur, lui dis-je, à votre franche requête je répondrai que je tiens pour le parti du roi.

» — En ce cas, belle dame, répondit-il courtoisement, au nom de M. de l'Isle-Marivaux, je vous conjure de ne point passer outre.

» — Monsieur, je consens d'autant mieux que j'aime et estime M. de l'Isle-Marivaux, comme vieil ami de mon père M. d'Estrées. »

En ce moment venaient en hâte de Meudon une troupe de royalistes ayant M. de l'Isle-Marivaux en tête. J'avais pris place contre la barrière du champ-clos, et me cachais de mon mieux pour n'être pas reconnue; mais tous les yeux me distinguaient assez en cette foule guerrière, et M. de l'Isle-Marivaux ne fut pas le dernier à me découvrir, à mon grand regret ; aussi vint-il droit à ma personne me complimenter de ce que je voulais bien lui souhaiter la meilleure chance.

« Monsieur, lui dis-je, j'ai regret que ce ne soit un tournoi à fer émoulu dont le prix serait quelque écharpe des mains d'une belle dame.

» — Je n'en combattrai pas moins hardiment, madame, puisqu'il s'agit de soutenir le droit de notre bon sire.

» — Hélas ! dis-je inconsidérément et à voix baissée, le roi est en paradis.

» — Par la messe !

» — Un parricide l'a frappé, comme vous devez savoir, et ce matin il trépassa.

» — A présent, madame, je songerai moins à défendre ma pauvre vie! »

Les trompettes sonnèrent, et les deux adversaires s'attaquèrent si dru que du choc leurs lances se rompirent en éclats comme dans les joutes et faits d'armes. On leur mit en main de nouvelles lances, et il reprirent du champ. On regardait en un profond silence, et je n'eus pas la force de regarder à la seconde course. Le choc retentit horriblement et fut accompagné des cris de l'assemblée. Je tournai mes yeux du côté où M. de l'Isle-Marivaux était désarçonné et par terre, un fer de lance enfoncé dans l'œil. Ses amis l'eurent bientôt entouré; ainsi firent les ligueurs. J'ai su qu'il dit, ce brave et généreux royaliste : « Messieurs, on ne se plaint pas de mourir quand on meurt après son roi! » Le cœur ému et une froide sueur par tout le corps, je partis hâtivement du champ de bataille; et derrière moi ceux de l'Union poussaient des cris de joie au ciel à cause du trépas de Sa Majesté. Mes pleurs et mes sanglots s'échappèrent en abondance et jusqu'à ce que je parvinsse rue de la Cerisaie, hôtel de Zamet, qui lors était neutre entre le roi et la Ligue. La déplorable fin d'Henri troisième lui causa même émotion de douleur ; et cependant ce jour et les suivants, dans Paris, il se fit des feux de joie, des messes, des prêches, des processions en réjouissance de l'assassinat commis par Jacques Clément ; les ligueurs échangèrent leurs écharpes noires contre des vertes ; c'était à qui exalterait le martyre du bienheureux Jacques Clément ; j'eus même occasion de me repentir de ma venue en cette ville sous la domination de la Ligue et de Satan.

CHAPITRE II.

Gabrielle écrit à son père. — Mariage de Marguerite, sa sœur. — Madame d'Estrées et M. d'Alègre. — Gabrielle va voir sa mère. — La croix du Traboir. — L'hôtel d'Estrées. — Alarme. — Expédient et sacrifice. — Le lit. — Visite dans l'hôtel. — Gabrielle malade. — Anxiétés. — Fuite de M. d'Alègre. — Retour de Gabrielle à l'hôtel Zamet. — État des choses. — L'amour. — Les cornettes. — La mère de Jacques Clément. — Lettre de Bellegarde. — Bataille d'Arques. — Galanteries de Henri IV. — Bourgeois pendus. — Rousse. — Le roi devant Paris. — Le *petit Feuillant*. — Maître Engoulevent. — Son éloquence. — Bon augure. — Le cavalier espagnol. — La Chapelle-Marteau. — Bussy-Leclerc. — Les ligueurs et les royaux. — Conseils de Gabrielle et de Zamet à Bellegarde. — Le souper. — Aventure du clocher de Meulan. — Convive inattendu. — Le narcotique. — Départ de Bellegarde. — Le faux messager. — Réveil de Bussy-Leclerc. — Henri IV attaque Paris et emporte les faubourgs. — Le mercier. — Vive la ligue! vive le roi! — Retraite de Henri IV. — Un mot historique.

La première chose que je fis dès mon arrivée, ce fut d'écrire à monsieur mon père, aux fins de l'avertir que de plusieurs mois il ne comptât me revoir, que je séjournais à Paris, tantôt chez M. Sébastien Zamet, tantôt chez madame de Sourdis, ma tante, de laquelle le mari suivait le parti du roi. J'avais pour certain que M. d'Estrées ne trouverait à redire à mes passe-temps, et que mes chères sœurs seraient jalouses de me savoir en plaisir. L'absence que je fis, jointe à celle de madame ma mère, profita bien à l'une d'elles: Marguerite, qui n'était guère moins prude que belle, prit alliance avec M. de Bournel, sieur de Namps. Cette Marguerite, qui par envie de mon heureuse chance s'éloigne de me voir (ce qui n'est pas le fait d'une véritable sœur), n'a pas depuis délaissé sa bicoque, qu'elle nomme son château. Pourtant je ne lui ai rien fait de mal, que je sache, et suis prête à la servir de tous mes moyens. Son mari est une pauvre tête picarde entêtée de sa femme, et partant ridicule comme elle. Dieu les ait en sa très sainte garde.

Mes lettres écrites à Bellegarde, à ma sœur Angélique, religieuse, et à d'autres, M. Zamet me vint troubler d'une singulière nouvelle.

« Madame, dit-il, savez-vous pas que madame votre mère habite Paris et son ancien hôtel d'Estrées, en la rue d'Enfer?

» — Vraiment je le sais, dis-je, n'était que je l'avais oublié.

» — Vous pensez sans doute qu'elle s'en ira d'ici au château de Cœuvres?

» — Ma foi, ce n'est pas mon affaire, et la fille nulle part n'est requise de veiller sur la mère.

» — Moi je vous dirai que si vous êtes curieuse de lui dire adieu, il le faut plus tôt ce jourd'hui que demain.

» — Qu'est-ce à dire? Serait-elle en danger de mort?

» — Non, mais elle part pour Issoire en Auvergne.

» — Fi donc!

» — Écoutez tout. Du mois de juin dernier, madame d'Estrées vivait à l'hôtel d'Alègre en fêtes et festins; mais M. le baron Yves d'Alègre, qui tient pour le roi, fut accusé d'intelligences pour livrer Paris; il eût été pendu comme traître, si sa fuite ne l'avait sauvé du supplice. Madame d'Estrées, qui le fit évader, ne voulut l'accompagner, de peur de rendre son péril plus imminent, et se renferma en son hôtel de la rue d'Enfer, où elle est encore pour quelques jours.

» — Mais d'où tenez-vous qu'elle se retire à jamais du foyer conjugal ?

» —M. d'Alègre s'en va commander un parti de royalistes qui possède une part de l'Auvergne, et madame d'Estrées doit tenir la campagne avec son ami.

» —Des méchants ont fait ce conte, et quoi qu'il en soit, j'irai saluer madame ma mère.

» —Allez donc et revenez ; mais à mon avis, vous attendrez à demain, car il n'y a que deux heures de jour, et la rue d'Enfer est mal fréquentée.

—Non, je serai de retour avant la nuit, et Périnet me suffira pour escorte. »

Les chevaux sellés, nous partîmes sans autres rencontres que des processions en l'honneur du bienheureux saint Clément, et deux bourgeois de la paroisse Saint-Eustache, qu'on allait pendre à la croix du Trahoir, pour avoir parlé de paix.

« Madame, dit Périnet, il n'est pas tout profit d'être honnête, et d'avoir raison. Voilà des gens qu'on mène droit au paradis.

» — Je n'en voudrais à ce prix, repris-je.

» — Ni moi, fit-il. En attendant, arrivons à la rue d'Enfer. »

Ce n'était pas tout que d'arriver, il fallait entrer dans l'hôtel, et nous aurions bien pu heurter à la porte deux jours durant, qu'on n'eût pas ouvert davantage. Cependant je me souvins à temps d'aller au logis du jardinier, qui me reconnut de prime saut et me livra passage; il me pria seulement de renvoyer ailleurs mon écuyer et nos montures, sous prétexte qu'il n'y aurait de quoi les loger à l'hôtel; mais il me dit tout bas que ce serait gêner madame d'Estrées. Je ne voulus attirer des ennuis à ce pauvre homme, de forcer les ordres qu'il avait reçus, et congédiai Périnet, le persuadant d'aller à la première hôtellerie, où je le joindrais le lendemain. Il était si bien appris à m'obéir, qu'il partit sans rien objecter. Je pénétrai en l'hôtel de mes pères, qui me sembla plus gothique et plus désert que devant; de fait il y avait bien cinq cents ans depuis qu'il était passé de la famille de Bourgogne en celle d'Estrées; mais jusque là je l'avais vu plein de domestiques et de cérémonie. Le vieux jardinier me fit des signes que je ne compris point, et ainsi ne fus aucunement informée de la compagnie en laquelle était madame ma mère.

La voici venir au-devant de moi, l'air embarrassé et colérisé, comme mal à son aise, et peu réjouie de ma visite. Je fus tentée de faire retraite.

« Mademoiselle, dit-elle sur le seuil, me fermant l'entrée, qui vous aurait crue à Paris?

» —Madame, dis-je, je suis de passage chez M. Zamet, et ensuite je ferai quelque résidence chez ma tante de Sourdis.

» —Il est beau à votre âge de courir le pays loin du toit paternel!

» — Madame, en tout cas, je ne pouvais remettre le voyage, à moins de consentir à ne point prendre congé de vous.

» — Gabrielle, vous êtes bien osée de me tenir ces propos!

» — Hé! madame, est-il vrai ou non que vous partiez pour l'Auvergne?

» — Je n'ai de comptes à rendre qu'à Dieu.

» — Et à votre mari; mais pour celui-là je m'en charge.

» — Si vous êtes venue pour épier ma conduite, je vous somme de vider de céans.

» — Adieu, madame, je m'en vais fort affligée de vous laisser en ces sentiments. »

Tout-à-coup à la porte de la rue il se fit un formidable bruit de voix, de cris et de coups ; je traversai le jardin pour sortir par où j'étais venue, quand madame d'Estrées me rappela du nom de sa chère fille. Je compris que ce radoucissement de son humeur était causé par le tumulte du dehors. Je rebroussai chemin et suivis en la maison ma mère, déjà tremblante de l'aventure. « Gabrielle, aide-moi, ou je suis perdue! » Ce fut ce qu'elle me dit d'abord, et je pris la ferme résolution d'agir comme il faudrait. Cependant la confusion redoublait à la porte, qui heureusement pouvait résister à ces gens. « De par l'Union! ouvrez, ou de force nous entrerons ! » La nuit qui noircissait était éclairée par la lueur des torches que portaient ces furieux. Ma mère, pâle et muette, ne faisait pas mine de répondre ; mais lorsque le jardinier lui vint apprendre que de tous autres côtés l'hôtel était cerné par maints soldats espagnols, elle entra en un terrible désespoir et courut frénétiquement de la cave au grenier ; alors je vis avec grand'peur une forme d'homme, une manière d'ombre passant et repassant par les salles obscures.

Mais les ligueurs, impatients qu'on leur opposât un visage de bois, commencèrent à battre la porte en brèche avec des haches et d'autres bâtons. Le jardinier s'enfuit en la cave, et madame d'Estrées, dans une agitation croissante à chaque gémissement de la porte, se jeta tout éplorée en mes bras, me disant :

« Gabrielle, sauve-moi la vie !

» — Et que faire? lui dis-je, et qui sont ceux-à qui vous en veulent?

» — C'est M. d'Alègre qu'ils vont égorger.

» — M. d'Alègre? où donc est-il?

» — En ma chambre

» — Mon Dieu! suis-je fée ou magicienne pour le tirer de ce pas dangereux?

» — Vois, la porte ne peut soutenir cet assaut sans rompre, et toutes deux nous sommes mortes comme lui.

» — J'ai bonne envie de vous être en aide; mais le moyen?

» — Un seul : M. d'Alègre est couché en mon lit; il faut, ma fille, que tu te couches pareillement à ses côtés, et joues la moribonde.

» — Quoi, Madame! je mourrais de honte d'avoir couché avec M. d'Alègre!

» — Crois que tu as couché avec un mort, car il l'est certainement si tu ne consens à cet expédient.

» — Je ne veux pas que vous ayez à me reprocher un défaut d'humanité.

» — Hâte-toi de te mettre au lit, je t'en conjure, au nom de ton ange gardien !

» — Ah çà ! ma mère, ayez l'œil et l'oreille aux aguets, que M. d'Alègre n'aille pas se croire au lit de sa femme. »

Il était grand temps que madame d'Estrées avisât à cette extrémité, car je n'étais pas plus tôt en cornette de nuit, les rideaux fermés, dans un bon lit où j'entendais respirer péniblement M. d'Alègre sous les draps, que la porte de l'hôtel fut jetée bas, et les gens de justice, assistés de soldats et mêlés à des hommes du peuple, se dispersèrent en la maison comme des corbeaux s'élançant à la curée. Ma pauvre mère, qui pour la vie de M. d'Alègre aurait sacrifié deux fois la sienne, était bien mal rassurée, et préparait des boissons pour mieux faire sa comédie. Quant à moi, je frémissais jusqu'à la moelle des os, moins par la crainte des gens de la Ligue que de sentir nu à nu M. d'Alègre, qui songeait à recommander son âme à Dieu, voilà tout. C'était de par l'hôtel une tourbe de pillards dérobant le peu qu'il y eût à dérober, criant et bacchanalisant. Madame ma mère les entendait venir, à demi morte à l'avance, voyant très bien que c'était M. d'Alègre qu'ils cherchaient. Ils entrèrent en sa chambre, et je tins mes yeux clos pour ne pas voir ces méchantes figures.

« Tête et sang ! dirent-ils, madame, M. d'Alègre est ici quelque part ?

» — Messieurs, reprit madame d'Estrées composant son air, M. d'Alègre est en Auvergne à cette heure, sinon à l'armée du roi de Navarre.

» — Non, non, par les Barricades ! nous ne partirons sans lui.

» — Eh ! messieurs, dit ma mère plus émue, que vous a-t-il fait ?

» — Il a menti la foi jurée ; il nous a voulu vendre aux hérétiques, et il faut que justice se fasse ; justice se fera.

» — Messieurs, dit-elle encore, parlez moins haut ; là est ma pauvre chère fille malade et en piteux état.

» — Est-ce une tromperie ? dit un des ligueurs tirant mes rideaux et faisant mine de me sortir des draps.

» — Messeigneurs, criai-je à mon tour, de moi ayez quelque pitié; je souffre le martyre, et mourrai sans qu'il soit besoin de mauvais traitements.

» — Messieurs, faites grâce, criait ma mère, et ne tuez pas ma fille! Au nom du bienheureux Jacques Clément ! merci !

» — Venez çà, dit le chef de la troupe ; ne nous amusons pas à la moutarde ; si messire d'Alègre est encore ici, nous le prendrons à la souricière, et demain au grand jour il sera mis haut et court : Dieu défend la sainte Union à l'encontre des traîtres ! »

Ils quittèrent la chambre bien à temps, car madame d'Estrées perdit l'usage des sens et s'assit toute pâmée. Alors M. d'Alègre souleva sa tête hors des draps, et je remarquai avec vraie satisfaction qu'il ne s'était pas dévêtu.

» Hai ! dit-il, que ces tueurs me prennent ce soir ou demain, autant vaut, et je suis d'avis de me remettre à leur discrétion.

» — Monsieur, vous dis-je, ne sonnez mot et ne bougez avant qu'ils soient partis; je vous prie surtout de ne point m'approcher le moindrement, de peur que j'aille pousser des cris. »

Cependant les émissaires des Seize cherchaient çà et là, derrière tous les arbustes du jardin, dedans les caves, où fut saisi le jardinier en un tonneau vide, dedans les armoires et jusque sous les lits. Ils demeurèrent tout camus de tant de poursuites vaines, et revinrent en la chambre où je contrefaisais la malade, plus forcenés de n'avoir rien trouvé.

» Madame, dit un des meneurs à madame d'Estrées, M. d'Alègre est-il en vérité hors de Paris?

» — Depuis trois jours pleins, répondit ma mère avec quelque fermeté.

» — Il faut donc, reprit l'un des plus mécontents à face hideuse, conduire madame à la Bastille pour avoir secondé l'évasion d'un traître royaliste.

» — Ah! messieurs, dit madame d'Estrées, qui aura soin de la demoiselle ma fille?

» — Nous volontiers, dirent quelques uns.

» — Mes bons seigneurs, criai-je du fond des draps, suis-je criminelle et condamnée, que vous m'alliez donner la mort en m'enlevant la noble dame ma mère? S'il n'est qu'une caution à faire, le seigneur Sébastien Zamet sera la nôtre; allez en mon nom à son hôtel de la rue de la Cerisaie, et je veux être damnée perpétuellement s'il ne vous dédommage de vos peines. »

Ces paroles eurent plus d'effet que des prières, crieries et lamentations, ils nous laissèrent; mais de l'hôtel les pierres seules sont restées après le départ de ces ligueurs espagnolisés, c'est-à-dire à la paie de l'ambassadeur d'Espagne, Mendose.

Quand tout ce monde s'en fut allé avec les meubles de mes aïeux, je me levai honteuse de l'idée de madame ma mère, qui ne me remercia ni ne m'embrassa, mais faillit étouffer de baisers son d'Alègre, lequel, en dépit de son nom, semblait fort triste. Je m'ébahissais à part moi que madame d'Estrées, non plus jeune, il est vrai, pût s'enamourer d'un petit, maigre, vieux, chétif cavalier, ayant la face gâtée d'une mousquetade reçue au siége d'Issoire en l'année 1577, noble et riche, pour unique avantage. Je me souvins, à ce propos, de mon joli Bellegarde, et fis tout bas un acte de contrition d'avoir couché avec ce pauvre rival.

« Maintenant, dit-il, à quoi sert de n'avoir été pris tout à l'heure, si demain je dois l'être ?

» — C'est à quoi vite il faut aviser, reprit madame ma mère, et le plus sage est pour nous de déloger.

» — Madame, dit le jardinier qui s'était tiré des griffes de ces diables sans y laisser de sa peau, ces malendrins ont emmené les chevaux de l'écurie.

» — Hélas ! qu'allons-nous devenir ? s'écria madame d'Estrées.

» — A la grâce de Dieu ! dit M. d'Alègre ; l'armée du roi tient Meudon et Saint-Cloud : la traite n'est pas longue.

» — S'il ne s'agit que d'avoir des chevaux, repris-je, les miens sont à l'hôtellerie prochaine avec Périnet : on n'a qu'à les aller querir. »

Le jardinier prit sa course, et revint soudain amenant Périnet et les chevaux.

« Ma chère demoiselle, dit M. d'Alègre, je les vous renverrai, et garderai seulement par-devers moi une reconnaissance sans fin de la vie que je vous dois.

» — Adieu, Gabrielle, ajouta madame d'Estrées. Je suis malcontente de ce long adieu; mais, sur ma vie! je n'oublierai onc que tu es une secourable fille; la première oraison que je ferai sera toute pour toi. Dis à ton père qu'il se peut remarier si l'envie lui en prend. »

Là-dessus sans honte aucune elle se posa en selle plus hardiment que ne fit M. d'Alègre, et tous deux partirent d'un trait.

« Il ne nous reste, dit Périnet, qu'à regagner à pied la rue de la Cerisaie, ou bien à coucher la nuit en l'hôtellerie.

» — Le premier avis, dis-je, est le seul convenable et prudent, car les gens de la Ligue sont pire que démons, et j'appréhende qu'ils ne reviennent. »

Donc le jardinier nous souhaitant mille prospérités, nous descendîmes la rue de la Harpe par une nuit étoilée comme pour nous servir de fanal; ce ne fut pas toutefois sans maints faux pas dans les ornières, boues et ruisseaux. Enfin suivant le bord de la Seine, non sans crainte des coupeurs de bourse, nous arrivâmes à l'hôtel de Zamet, qui n'avait vu personne de ces pillards que je dépêchai à son adresse, et veillait très inquiet sur mon compte. Ce que je lui contai des évènements de la nuit lui fit rendre au ciel des actions de grâces pour le secours qu'il nous avait prêté.

Cependant le siége de Paris avait été abandonné, et le roi de Navarre, élu roi de France, avait mené en Normandie son armée fort diminuée, comme on disait. Je ne recevais pas de nouvelles de Bellegarde, ce qui me causait des craintes de toutes sortes. M. de Mayenne était parti de Paris, jurant Dieu et ses saints de ne pas y reparaître sans montrer le Béarnais en cage, ainsi que l'on fait des tigres et des lions. Le cardinal de Bourbon, que le roi Henri tenait renfermé d'abord à Chinon, puis ensuite à Fontenay-le-Comte, avait été par la Ligue reconnu roi de France, parceque M. de Mayenne se promettait de faire le roi sans en prendre le titre. Je crus que Bellegarde était mort ou ne m'aimait plus, et, je le confesse, j'aurais préféré tout à ce qu'il vécût sans m'aimer. Dès lors je ne pris plus goût aux plaisirs, et nonobstant les plaisantes caresses de madame de Sourdis, ma tante, je pleurais à me rougir et gâter les yeux.

« Ah! disais-je, si Bellegarde n'est plus sur cette terre, je n'y veux non plus demeurer.

» — Pensez-vous, reprenait madame de Sourdis, qu'il y ait une éternité en amour?

» — Vraiment, sans cela, qu'aurait-on à faire du paradis, j'ai idée que les méchants sont mis en enfer, où l'on n'aime pas.

» — Certes, s'aimer est une bonne chose; mais peut-on ne bien aimer qu'une fois?

» — Je vous en dirai mon avis, si jamais je cesse d'aimer Bellegarde.

» — En ce cas ce sera lui qui cessera; car l'amour, soit dit entre nous, est pareil à la trempe d'une lame plus ou moins bonne.

» — Si ces choses sont vraies, je n'aimerai plus de ma vie. »

J'ai tenu parole, ou à peu près ; car j'aime Henri tout autrement que j'aimais Bellegarde. Périnet me redonna du calme par l'inspection des étoiles.

« Madame, dit-il (c'était le vingt-troisième de septembre), en ce jour, à cette heure, M. de Bellegarde combat en vaillant homme de guerre, et ce m'est d'heureux augure, car les lâches en amour le sont partout. »

Je me consolai à force d'être inconsolable, et j'attendis des lettres, qui vinrent enfin me ragaillardir parmi de nouvelles larmes.

Le matin que je me rendis à Notre-Dame pour y parfaire une pénitence, je vis une grande tourbe de peuple, hommes, femmes, métiers, bourgeois, et parmi des cris élancés aux nues, je démêlai une victoire remportée au village d'Arques par le duc de Mayenne sur le roi de Navarre. La pensée du péril où Bellegarde avait été, plus que le malheur des royalistes, me fit jeter des pleurs, que je déguisai sous mon voile de peur d'être lapidée. J'entrai cependant à Notre-Dame, où se chantait un *Te Deum* en musique pour célébrer vingt-trois cornettes conquises, se disait-on, sur les ennemis de la Ligue catholique. Ces cornettes me firent mal, car il me sembla reconnaître celle du régiment de Bellegarde. Au milieu du chœur était sur un siége honorable une vieille femme qui semblait en enfance, aux bénédictions qu'elle envoyait à l'assistance. On me dit que c'était la mère du bienheureux Jacques Clément, dont on allait dresser la statue en la cathédrale. Ces mots me frappèrent de stupéfaction, et je sortis sans avoir achevé ma prière, tant je fus indignée des honneurs rendus à la mère d'un parricide.

Je n'aurais pas de ma vie donné deux deniers, quand, de retour à l'hôtel Zamet, je trouvai les chevaux que me renvoyait M. Yves d'Alègre, avec de prodigieux remerciements d'avoir couché en son lit, en outre un présent de belle vaisselle de vermeil. Je fus distraite de cet envoi par une lettre de l'écriture de Bellegarde. Je n'eus pas d'abord la force de l'ouvrir, tant je redoutais de funestes nouvelles; je brisai le cachet avec un soupir qui fut de joie. La teneur de la lettre était comme il s'ensuit :

« MA CHÈRE BELLE ,

» Trois fois je vous écrivis fort au long et
» toujours en amant fidèle; mais je suis contraint
» à penser que mes lettres ne vous sont point
» rendues, puisqu'elles demeurent sans réponse.
» Donc à tout hasard je mets ici le plus inté-
» ressant des précédentes, et vous baise dix mil-
» lions de fois, quitte à recommencer après. Je
» ne reviendrai sur ce qui s'est passé, crainte
» de répéter ce que vous savez par une des cent
» voix de la déesse Renommée. Nous avons
» enterré en l'église de Saint-Corneille, à Com-
» piègne, feu notre bon sire; car à Saint-Cloud
» possible est qu'on fût venu le réassassiner et
» brûler son corps pour qu'il ne ressuscite.
» Aussi bien est-il plus d'un jacobin en ce monde.
» Le bruit a dû venir jusqu'à Paris que le roi

» Henri quittait la partie et voulait passer en
» Angleterre; mais par ce bruit il s'agissait
» d'allécher Mayenne et ses ligueurs jusqu'à ce
» qu'ils s'acharnassent à notre poursuite. Ainsi
» arriva-t-il. En route, nous prîmes Creil; Meu-
» lan, Gisors, Clermont et vingt autres; Dieppe
» s'est rendue à composition. Là, Mayenne, avec
» une armée supérieure à la nôtre, nous a joints
» aux environs de la ville d'Arques. Le combat
» s'est donné; en une heure de temps qu'il
» dura nous avançâmes en besogne; tout l'avan-
» tage nous est resté, avec bon nombre de pri-
» sonniers de marque : « Messieurs, a dit le roi
» après l'action, vous avez bataillé bravement,
» et quand j'aurai ma couronne, j'écrirai dessus:
» Il n'est que d'avoir de bons serviteurs pour
» être bien coiffé. »

« Je serais en peine de nombrer les belles et
» mémorables paroles qui sortent de sa bouche.
» Avant l'action il nous dit en riant : «A cette
» heure je suis roi sans royaume, mari sans
» femme, guerrier sans argent; et n'ayant rien
» à perdre, mais tout à gagner, je me battrai

» plus délibérément. » En effet il y avait ur-
» gence de se bien battre, en un mot, de vaincre
» ou mourir ; car notre armée n'était que de
» trois mille hommes ; celle, au contraire, de
» Mayenne était de quinze mille environ. Il faut
» dire que chez nous le fer reluisait pour toute
» parure. Les ligueurs se pavanaient habillés de
» soie et de broderies. Vrai Dieu ! je m'ébahis
» qu'il en soit réchappé un seul de notre côté !
» J'ai combattu comme si vous étiez là pour
» voir et enregistrer mes exploits. Je vous
» plains, belle dame, d'être enfermée en cette
» ligueuse ville de Paris, que nous prendrons
» sans faute le mois qui vient. Vous en sortirez
» auparavant, je vous conseille. Dites à Zamet
» que dans le sac de Paris je veillerai à ce qu'on
» respecte ses pénates d'or et d'argent : un si
» honnête homme qu'il est se devrait rendre
» du parti royal. Je ne pourrais égaler la vérité
» en vous faisant l'éloge de notre bon roi, que
» nous aimons tous comme un ami fait son ami.
» En lui sont incluses toutes vertus, honneur,
» franchise, courage, bonté. Il est moins roi

» que le compagnon du moindre lansquenet.
» C'est moi qu'il préfère, ainsi que MM. de
» Mornay, de Rosny et de Sancy. Ceux-là en-
» tretiennent avec lui une plus grave amitié
» politique. Quant à moi, je me suis saisi de
» son grand faible, qui est pour les dames,
» comme je vous l'ai dit, ma mignonne. Il se
» réjouit de ne point voir son épouse la reine
» Marguerite, qui ne s'épargne pas en galante-
» ries. Pour toute vengeance il fait l'amour à
» tout venant, avec la femme, la fille ou la ser-
» vante de son hôte. « Je ne fais pas plus de
» cas d'une cruelle, dit-il, que d'une lame
» rouillée. » Nous jasons souvent tous deux de
» nos maîtresses; celles qu'il a eues sont plus
» nombreuses que les filles sages de Paris. Il
» ne se peut lasser de dire du bien de madame
» Diane de Corisande d'Andoins, veuve du
» comte de Grammont. « C'était là, dit-il, de
» la fine fleur d'amour : ah! si toute la vie on
» s'aimait de pareil train, on ne désirerait
» d'autre paradis! » A présent il est violemment
» amoureux de madame de Guercheville, dont

» il n'a rien encore obtenu, malgré ses lettres,
» dons et visites. Cette dame ne veut entendre
» à rien, et pourtant se laisse adorer. Le beau
» plaisir de faire le tourment d'un roi de France
» et de Navarre ! Je soupçonne cette vertu de
» viser droit au mariage, sachant que Sa Majesté
» ne cherche qu'une occasion de divorcer avec
» madame Marguerite. « Vois-tu, Bellegarde,
» ce m'a-t-il dit, pour être aimé quand j'aime
» bien, je donnerais la moitié de ma couronne.»
» Il me demanda des nouvelles de mes amours,
» et je vous donne à penser, ma chère belle,
» en quels termes je lui parlai de vous. Je
» louais tout et ne croyais pas louer assez, de
» sorte qu'après avoir ouï toutes ces belles
» choses, il s'écria : « Maugrebleu ! l'ami, tu
» as là une digne maîtresse que je t'envie de
» tout mon cœur; voudrais-tu pas me la mon-
» trer ? — Oh ! que non pas, sire, répondis-je,
» ce serait vous la donner; car à si gentil prince
» que vous êtes on cède sans dire nenni. — Je
» n'avais pas si grande foi en moi-même, et j'ai
» vu des filles d'écurie défendre leur honneur

» avec ongles et dents. — Sire, aussi bien ma-
» dame mon amie est présentement de séjour
» à Paris. — Donc je ferai plus tôt le siége de
» ladite ville rien que pour l'aller voir. — Oui,
» mais d'ici là elle sera rendue au château de
» Cœuvres, où est M. d'Estrées son père, avec
» d'autres filles belles comme les plus belles.—
» Mordieu! j'irai loger au château de Cœuvres.
» — Ne vous y frottez pas, sire, M. d'Estrées
» me conserve précieusement mademoiselle
» Gabrielle, qui, après la guerre, sera madame
» de Bellegarde, ce j'espère. — Prends soin à
» tes amours, Bellegarde, car l'eau m'est venue
» à la bouche de songer à ta maîtresse. » Je
» vous dis ces propos, ma bien chère, afin que
» vous soyez en garde contre les galants de l'air
» du roi. Possible serait qu'il vous allât prier
» d'amour sous un déguisement quelconque;
» car l'autre hier, pour s'aller un moment pros-
» terner aux genoux de madame de Guerche-
» ville, il s'est vêtu en vieille, et passa tout au
» travers des ennemis. Certes, ma belle, je ne
» balancerais guère à faire de même pour vous

» aller baiser un peu, et que si vous demeurez
» à Paris jusqu'au siége, je vous irai saluer
» amoureusement à la barbe des Seize. Sur ce
» je vous rebaise en idée.

» ROGER, DUC DE BELLEGARDE. »

Cette bonne lettre me remit la joie au cœur, et je la relus jusqu'à la savoir de mémoire. Zamet, à qui je la montrai, fut bien enchanté de voir bien portant et satisfait Bellegarde, qu'il affectionnait ; mais il eut peur que de pareils billets tombant aux mains des ligueurs ne suscitassent contre lui des chagrins et des dangers, d'autant que sa grosse richesse faisait beaucoup d'envieux. Il me supplia donc d'écrire à Bellegarde qu'il eût à ne le pas nommer en ses correspondances, comme aussi à ne parler des affaires politiques que le moins possible. De fait il agissait sagement, et l'évènement le prouva peu après, quand plusieurs des plus notables bourgeois furent pendus pour avoir seulement voulu du bien aux royalistes, et quand le président Blanc-Menin faillit avoir même sort à cause de son visage riant parceque le roi était maître des faubourgs. Cette lettre de Bellegarde était parvenue des mains d'un homme de campagne qui devait venir prendre une réponse. Je l'écrivis en conséquence, et telle que la voulait Zamet, qui de sa main ajouta quelques lignes aux miennes sans signer. Le messager revint à la nuit, et l'ayant fait venir en ma chambre, je reconnus Rousse, le plus fidèle domestique de Bellegarde.

« Eh bien ! lui dis-je, que fait ton maître ?

» — Madame, il doit approcher de Paris avec l'armée du roi, et pour passer le temps, il vous aime de plus en plus au point de ne penser qu'à vous.

» — Et toi, viens-tu seulement me porter cette lettre ?

» — J'ai fait en même temps le service du roi auprès de M. de Corbinelli, Florentin.

» — En ce cas ne tarde ni peu ni prou à quitter la ville, car tu serais plus en sûreté au feu des arquebusades qu'ici. Dieu te ramène sain et sauf à ton maître que j'aime toujours après Dieu. »

Rousse partit sans être arrêté en route (nous étions au 25ᵐᵉ d'octobre), et j'attendis la fin de la guerre, qui me semblait devoir suivre la reddition de Paris; mais, comme Périnet le sut par astrologie, la Ligue n'était pas à son dernier soupir. Je reçus des lettres de M. d'Estrées qui m'annonçaient que dès ce moment j'eusse à renier madame ma mère qui vivait publiquement en province avec le marquis d'Alègre, baron de Meillau. Mon père n'avait rien appris du pillage de son hôtel, ou du moins ne m'en disait mot. Comme il semblait ne pas trouver mauvais que je restasse chez le seigneur Zamet, où, disait-il, j'apprendrais les belles manières mieux qu'à l'école de madame ma mère. Il ne se trompait; car le logis de Zamet voyait réunis les plus huppés de la Ligue, et aussi de grandes dames, les duchesses de Montpensier et de Nemours, par exemple. Il menait un magnifique train auquel n'eût pas suffi la fortune d'un roi. Les fêtes étaient toujours nouvelles, soit que l'ambassadeur d'Espagne en fût, soit les principaux de la Ligue. MM. de Villeroi, de Mayenne et le président Jeannin le tenaient pour ami sûr et de grand secours. Je m'habituais volontiers à cette joyeuse vie, comme si elle ne dût jamais finir. Rousse m'avait dit vrai : l'armée du roi parut devant Paris avec la fin d'octobre.

Le trente et unième je faisais la promenade avec madame de Sourdis, en la compagnie de Périnet, dedans la Galerie du Palais, lorsque j'avisai une sourde rumeur parmi les allants et venants. Je crus d'abord que le feu était en quelque endroit, et nous sortîmes en la place, où la foule se précipitait de toutes parts. Des deux côtés on voyait montés sur des manières d'échafauds deux hommes différents de costumes, de langage et de mission : l'un avait les habits d'un religieux avec les armes d'un soldat, et, ce m'a-t-on dit, était fort connu des carrefours sous le nom du *Petit Feuillant*, et hurlait par les rues des prédications furibondes que payait bien l'ambassadeur d'Espagne ; l'autre, dit Engoulevent, était une sorte de bouffon plus sensé que bien des sages, et dont la langue se dévouait toute au parti du duc de Mayenne. Je fus témoin cette fois d'un prêche et d'une folie qui avaient pour même objet d'exciter les passants à combattre à la désespérade les soldats hérétiques du Béarnais, que l'on disait aux portes des faubourgs. Le Petit Feuillant s'agitait, pleurait, s'écriait, se frappait la poitrine, tournait l'œil au ciel, et imaginait mille singeries pieuses à l'effet d'émouvoir la religion des badauds. Engoulevent visait au même but avec d'autres moyens : il jouait une vraie comédie, et tâchait d'enlever des auditeurs à frère Bernard espagnolisé. « Messeigneurs, disait-il entre maintes railleries, vous aurez idée du beau roi huguenot qui nous arrive, si vous vous représentez un pauvre claquedent sans sou ni maille, ayant pour épée un bâton, et à cheval sur un âne bâté. Ses soldats n'ont pas mangé pour la plupart depuis un mois, sans compter les jeûnes, vigiles et quatre-temps. Ils n'ont de poudre que pour tuer les moineaux. Ils seraient bien jusqu'à la fin du monde à égratigner vos murailles qu'ils s'y rompraient les ongles. D'ailleurs M. de Mayenne viendra tantôt châtier ces insolents et outrecuidés qui ont envie d'établir un temple calviniste au beau milieu de Notre-Dame. Vous n'aurez pas demain assez de piques pour y planter les têtes. »

Je refusai d'aller au cloître Saint-Germain où logeait madame de Sourdis, et je revins hors d'haleine à l'hôtel Zamet, où je pensais devoir être plus sûrement parmi le désarroi d'un sac de ville.

« Madame, dit Périnet par le chemin, je tiens pour certain que vous verrez aujourd'hui ou demain sans faute une personne qui ne sera pas moins aise de vous voir.

» — Est-ce par magie ou astrologie que tu as ce pensement ?

» — Cela serait ainsi, que je n'aurais plus de foi en la nouvelle de cette bienvenue. L'amour tel que vous l'inspirez est certes moins changeant que les étoiles, et partant j'en conclus que M. de Bellegarde sera le premier entré dedans Paris.

» — Je te remercie, Périnet, de porter de lui

un si favorable jugement. Je prie Dieu qu'il ne demeure au-dessous de l'éloge, pourvu qu'il ne coure nul danger.

» — Le seul danger à craindre pour un si noble cavalier, serait de ne vous point voir.

» — Hâtons donc le pas pour ne le point faire attendre. »

Zamet n'était lors à l'hôtel quand nous y vînmes ; on l'avait mandé pour le conseil de l'Union, car le bruit du siége et du prochain assaut allait se confirmant. Ce n'était pas peu de chose d'aviser à la défense en l'absence de Mayenne et de son armée. Le jour tombait, lorsque passa dans la rue de la Cerisaie un seigneur espagnol, comme il paraissait à ses vêtements et à ceux de son écuyer. De la fenêtre où j'étais, regardant je ne sais quoi, je me pris à admirer la bonne mine de ce cavalier, qui s'arrêta devant l'hôtel et y fut introduit. L'obscurité qu'il faisait m'empêcha de bien discerner son visage qu'il avait l'air de cacher, et cependait je m'avançai tout émue vers la porte, où il entra conduit par Périnet. « Que le roi prenne ou non Paris, dit-il, je baise ma mie et je suis content du reste ! »

C'était mon cher Bellegarde, et je faillis m'évanouir entre ses bras par la trop grande joie que j'en eus.

« Eh bien ! dis-je, après être remis de nos caresses, imprudent que vous êtes de vous confier au sort en une ville ennemie !

» — Fi donc ! mon amour, de songer au mal qui peut advenir, et non au bien. Au reste, avec ma bonne épée je n'appréhende aucune lame ligueuse.

» — Je me fierais à votre courage et à votre étoile s'il ne fallait que battre du fer et s'escrimer même avec maître Bussy-Leclerc ; mais si vous étiez reconnu, il vous faudrait vaincre la corde.

» — Loin ces vilaines idées, et ne chômons point avant la fête. Comme disait hier Chicot : « Il est toujours temps de mourir et non pas toujours de bien vivre. »

» — Mais, mon ami, êtes-vous en état de tenir la promesse de votre cape espagnole ?

» — Vraiment il ferait beau voir que Don Cesario, secrétaire du cardinal Cajetan, légat de notre saint père le pape, s'entendît mal à faire son personnage ! »

Nous finissions à peine, que survint Zamet avec deux malencontreux hôtes, M. La Chapelle-Marteau, qui de maître ordinaire des comptes était devenu prevôt des marchands, et Bussy-Leclerc, prevôt de salle et procureur, dont on avait fait un gouverneur de la Bastille. M. Marteau portait une de ces bonnes figures au regard fauve, qui appartiennent de droit aux procureurs du Châtelet. On le pouvait juger d'après ses mains crochues qui tremblaient sans cesse de la fièvre de prendre. Quant à Bussy-Leclerc, je n'oublierai de ma vie, durât-elle cent ans, ses moustaches épaisses, son air méchant, et cette longue rapière traînant à terre. Il ressemblait parfaitement au charlatan espagnol de la *Satire Ménippée*. La venue de ces deux ligueurs endiablés en rencontre de Bellegarde déguisé faillit me trahir, tant mon effroi fut violent. Zamet, qui a toujours à la main son adresse italienne, ne changea de voix ni de visage, bien qu'il démêlât du premier coup-d'œil cette mascarade. Il voulait mener en une autre chambre MM. Marteau et Leclerc, quand ce dernier aperçut le faux Espagnol et vint à lui tête haute, souriant comme sans soupçon : « Seigneur cavalier, seriez-vous pas nouvellement à Paris ? je n'ai pas souvenance de vous y avoir jamais vu. »

Bellegarde mâcha dans ses dents quelques phrases espagnoles qui me rendirent toute tremblante ; Zamet, qui des trois autres savait seul cette langue, se fit bien à point l'interprète de Bellegarde.

« Que Belzébut me pende au grand donjon de la Bastille, s'écria Bussy-Leclerc, si j'entends un mot de ce grimoire !

» — Il parle pourtant bien espagnol ; et vous, monsieur Bussy, qui êtes un des plus utiles serviteurs de Sa Majesté Catholique, vous devriez vous espagnoliser aussi du côté du langage.

» — Oui dà, seigneur Zamet, reprit Marteau,

vous êtes bon pour nous expliquer ce que dira Sa Seigneurie.

» — Ce cavalier, dit Zamet, se nomme Don Cesario, et fait partie de la suite du nouveau légat, monseigneur le cardinal Cajetan, lequel fait diligence pour nous porter des secours spirituels et temporels.

» — Tête Dieu ! dit Bussy, deux mille lansquenets à la solde des cardinaux nous seraient plus utiles qu'un million d'indulgences.

» — Pourquoi, dit aussi La Chapelle-Marteau, le trésor du saint siége ne serait-il point vidé pour le soutien de la religion catholique et romaine, et pour la destruction de l'hérésie en la personne du roi de Navarre ?

» — Messieurs, s'écria Bellegarde, vous parlez à l'étourdie, et je voudrais pour beaucoup vous prouver que vous mentez.

» — Miracle ! dit Bussy la main sur la garde de sa râpière, l'*Hidalgo* parle bon français.

» — Çà, Bussy, ajouta Marteau bien joyeux d'une querelle où il n'était que témoin, dégaîne contre ce Politique habillé à l'espagnole.

» — Holà! messieurs, dit Zamet s'interposant à l'encontre du combat, entendez-vous ou du moins entendez-moi. Cet honnête cavalier n'a pu sans indignation ouïr des propos tenus pour la dissipation des deniers de l'église.

» — En effet, messeigneurs, dis-je en souriant à ces laides faces ligueuses, il serait mal que la guerre civile jetât ses brandons parmi vous quand la guerre véritable est à vos portes.

» — Par l'épée de Saint-Pierre! dit Bussy faisant l'agréable, depuis quand la raison s'est-elle fait femme? Touchez là, seigneur Cesario, nous remettrons notre petit différend pour après le triomphe de la Ligue. »

Bellegarde ne bougea et ne dit mot; Bussy-Leclerc retira sa main qu'il tendait et, rouge de colère, nous tourna le dos, maugréant et blasphémant.

« Monsieur, lui dis-je, n'en veuillez à ce brave gentilhomme qui n'a l'oreille à ce que vous dites, à cause d'un bon coup de lance qu'il reçut à la tête en une échauffourée, et dont il se ressent à tout instant.

» — Sang de Dieu ! repartit Bussy, vous vous intéressez à ce Don espagnol plus qu'à de dignes ligueurs, et vous semblez instruite de ce qui le touche. Donc dites-lui de la part de Bussy-Leclerc, frère d'armes du valeureux Bussy d'Amboise, que j'aurais joie au cœur de m'escrimer d'estoc et de taille avec lui.

» — Tout vient à point pour qui veut attendre, monsieur Bussy, répondit Bellegarde. »

Zamet, inquiet des suites, entraîna de vive force MM. Bussy et Marteau, tandis que celui-ci disait en clignant de l'œil : « Cet Espagnol certainement n'est pas un des zélés ; Dieu fasse qu'il ne soit pas des royaux ! » Lorsqu'ils furent sortis, ces deux méchants ligueurs, je reprochai doucement à Bellegarde d'exposer sa vie à si bon marché et de mettre en danger Zamet et moi-même ; car Bussy-Leclerc, depuis qu'il commandait à la Bastille, emprisonnait et prenait à rançon les plus riches de Paris avec une incroyable audace. Il avait des motifs tout prêts pour faire entrer quelque noble en prison, et partant quatre ou cinq cents écus en sa bourse.

« Sur ma vie! dit Bellegarde, je ne me croyais capable de cette patience; et votre présence, ma chère, fut cause que je ne coupai pas d'abord la langue et les oreilles à ces deux criminels de lèse-majesté.

» — Maintenant qu'ils sont hors d'ici, dites-moi s'il est vrai que le roi s'en aille assiéger Paris?

» — Demain avant le jour, et par tous les côtés. A midi, s'il plaît à Dieu, nous serons au Louvre, et nous pendrons la Ligue en la place de Grève.

» — Je fais des vœux que tout vous prospère. Mais vous, monsieur de Bellegarde, que ferez-vous pendant que l'assaut se donnera?

» — Je n'ai pas envie, Dieu me damne! d'écouter de loin le bruit des arquebusades : ce soir je rejoins l'armée du roi, qui a logé ses troupes à Gentilly, Montrouge, Vaugirard, et aux environs. Bien entendu que vous ayant baisée bien tendrement, j'aurai du courage pour l'entreprise.

» — Ainsi donc vous croyez fermement que

Sa Majesté sera demain maîtresse de Paris, et réellement roi de France?

» — Sans nul empêchement; et une fois le roi au Louvre, je ne serai pas le dernier à me bien trouver de ma fidélité.

» — Alors sous ses auspices notre mariage s'achèvera.

» — Je vous le jure, madame la duchesse de Bellegarde. »

Zamet reparut seul et fort chagrin; il ordonna de fermer les issues de l'hôtel derrière MM. Marteau et Bussy qui partaient, et embrassa Bellegarde très vivement.

« Santa Maria! dit-il, je suis ravi de vous voir ici, mon cher ami; mais voilà de vos témérités à la gentilhomme, nargue des dangers et de tout!

» — Sur mon âme! monsieur Zamet, reprit-il, j'aurais exposé plus que cela pour venir saluer ma dame et un ancien ami tel que vous êtes.

» — Oui, mais ces maudits ligueurs sont gens à ne vous pas laisser dormir cette nuit.

» — Tant mieux, nous les réveillerons plus matin. Ceci s'entend de vous aussi, mon cher seigneur, qui tenez pour l'Union comme une huître au rocher.

» — Que c'est mal me connaître !

» — Je me fais garant, fis-je à mon tour, que notre cher Zamet est pour le roi au fond du cœur et pour la paix au fond du coffre.

» — Oui, dit Zamet, que je me déclare tout franc pour le roi, on pillera mon hôtel, et je suis un homme ruiné; que j'aille me liguer comme un sot, j'y perdrai jusqu'à ma chemise. Le plus sage est de rester neutre en attendant que la chance tourne et se décide.

» — Voilà parler en financier, et je vous sais gré de nous réserver quelque argent pour le jour où nous aurons le dessus, car nous avons plus de fer que d'or.

» — Monsieur de Bellegrade, vous savez si j'aime votre compagnie, et pourtant je vous conseillerai la retraite, vu que le père Marteau s'en est allé trop content pour songer à une bonne action.

» —Ce n'est pas mon affaire, et j'aurais perdu le sens si je partais aussitôt qu'arrivé.

» — Oui, repris-je, mais de nuit les portes sont fermées, et je ne sais par où vous sortirez.

» — Je ne puis cependant, fit-il, manquer à mon poste, qui est avec MM. d'Aumont et Rieux pour attaquer les faubourgs Saint-Jacques et Saint-Michel.

» —Demain vous tentez de surprendre Paris? s'écria Zamet?

» — Nous en viendrons à notre honneur; seulement je me recommande à vous comme à mon saint patron, pour me mettre hors de la ville; nous y penserons mûrement à table.

» — Par Notre-Dame de Lorrette! mon ami, je n'ai pas un doigt de puissance, et ne suis comme Samson qui enleva les portes de Gaza pour se livrer passage. »

Bellegarde se sentait si heureux de me voir face à face, qu'il oubliait quasi l'assaut du lendemain. Zamet, qui n'avait pas de maîtresse à caresser, était plus inquiet encore qu'il ne semblait. On servit à souper, et nous ouvrîmes moins la bouche pour manger que pour deviser. Bellegarde nous conta en détail ce qu'il avait vu depuis la mort du feu roi, et nous égaya de la pauvreté du Béarnais, qui payait ses Suisses et ses lansquenets en belles paroles. Sur ce, il nous énuméra les amours de ce bon roi, plus curieux de la quantité que de la qualité; et comme je riais volontiers de ses maîtresses de passage, il nous dit cette aventure toute fraîche, puisqu'elle était du vingt-unième, quand le roi passa par Meulan au retour de Dieppe, toujours obsédé par le duc de Mayenne, qui toutefois ne voulait accepter bataille.

« Le roi étant d'abord entré au fort de Meulan, narra Bellegarde, on lui vint apprendre que Mayenne s'était logé à portée du canon adossant son armée, contre un bois dont il faisait un retranchement. « Qui m'aime me suive ! dit le roi selon son mot favori. Venons reconnaître ce lièvre de Mayenne qui se souvient de la journée d'Arques. » Il s'en alla droit au clocher de Saint-Nicaise, accompagné de MM. de

Rosny, de Bellangreville, de Biron, et de moi. En ce moment Mayenne lâcha quelques volées au-dessus de la ville. « Nous leur enverrons tout à l'heure une réponse ! » dit le roi. On avait été querir le sacristain pour nous mener au clocher; mais il ne se trouva que sa fille, jeune, accorte et jolie. Henri en fut af friandé et chercha vite à s'en saisir, car occasion fait le larron, comme il dit souvent. Nous montâmes jusques en haut du clocher, et là Sa Majesté se ravisant, nous pria de descendre au fort pour faire pointer quelques pièces d'artillerie contre ses amis de la Ligue, tandis qu'il ferait ses observations militaires. La petite sacristine se disposait à nous suivre; mais le bon roi la supplia de rester pour le garder. Chacun de nous riait sous cape, comprenant ce que voulait Sa Majesté ; et M. de Rosny, sévère moraliste comme M. de Montaigne, se hasarda de dire :

« Sire, vous serez tout étonné de vous être abaissé en montant à ce clocher.

— Mon ami, répondit le roi, quiconque

s'élève sera abaissé, quiconque s'abaisse sera élevé, suivant le saint Évangile. Adieu, messieurs, ne tardez que d'une petite heure. »

» Quand nous fûmes au bas, deux de nous allèrent au fort porter l'ordre du roi ; deux autres firent sentinelle à l'huis du clocher. Le fort commença de tirer, et Mayenne aussi. Nous avions attendu plus que l'heure, sûrs d'avance de ne pas déplaire au roi. Enfin nous l'allions retrouver où il était à passer le temps, lorsqu'étant à la moitié des montées le clocher retentit d'une terrible canonnade, et des cris partis d'en haut nous sommèrent d'accourir. Mais notre terreur fut extrême de voir le degré rompu en plusieurs endroits, de manière à ne pouvoir aller jusqu'au roi, qui nous cria : « Holà! messieurs, une échelle, et vite ! Les ennemis nous ont aperçus sans doute, et bien heureux si nous avons le loisir de descendre à terre. » MM. de Rosny et de Biron se pressèrent d'appeler du secours, mais pas une échelle en cette alternative fâcheuse. « Sire, criai-je, le moyen le plus prompt sera le meilleur, et voici la corde des cloches qui vous aidera moyennant votre canne entre les jambes. — Oui, reprit-il, mais cette fille ne saurait user du même expédient à cause de ses jupes. — Que vous importe, sire? dit cette courageuse fille; je ne craindrai plus rien quand vous serez à l'abri. » Je redoublai de supplications, et comme l'échelle ne venait pas, bien que le canon continuât de tirer, le roi ayant fortement attaché la corde que je lui jetai, soutenu par sa canne, se laissa glisser jusqu'à nous. « Ouf! dit-il; avisez à délivrer cette pauvre enfant; je ne me pardonnerais de toute ma vie qu'elle eût quelque mal dont je serais cause. » On amena enfin des échelles, et la fille fut sauvée. Un moment après un coup de canon renversa le pinacle du clocher. « Bien nous en prend d'être hors de là, s'écria le roi parlant à cette fille; je ne pensais pas courir tant de péril en ces hauts lieux. — Ah, sire! dit-elle le pourpre au front. — Vrai Dieu! reprenait Sa Majesté, j'ai vu en ce clocher bien des choses! » Le sacristain remercia humblement le roi de l'honneur qu'il faisait à sa fille de la choisir pour guide, et le roi lui donna une dot pour marier celle-ci, à condition qu'elle ne monterait plus au clocher quand il serait rebâti. « Je me félicite, dit-il, qu'il ne soit pas arrivé de plus grand malheur : pareille chance ne se rencontre pas deux fois. »

Bellegarde n'avait pas achevé, que Bussy-Leclerc entra dans la salle du souper avec ces mots : « Il ne sera pas dit, seigneur Zamet, que l'on se divertira sans moi, et me suis invité à votre repas. A votre droite, belle dame. »

Ce fut un instant de silence pendant lequel Zamet eut le temps de se réconforter. Tant plus je devins blême, tant plus Bellegarde rougit de ressentiment.

« Monsieur Bussy, dit Zamet, nous sommes réjouis du nouveau convive que vous nous amenez.

» — Et vous, seigneur Espagnol, dit Bussy par dérision, n'êtes-vous pas aussi réjoui que je vienne vider quelques flacons à votre santé ? »

Zamet quitta la table quatre minutes durant, et reparut le visage entièrement éclairci.

« Sus, buvons, dit-il. Malgré les misères du temps, il est encore de bon vin dans Paris.

» — Oui, dis-je, M. Bussy nous fera raison le verre en main.

» — Avec plaisir, répondit-il, et à monsieur l'Espagnol, en signe d'oubli des injures.

« — Voilà de l'ambrosie, monsieur Zamet, » s'écria Bellegarde qui ne faisait pas le semblant de boire.

Cependant Zamet nous adressait des signes d'intelligence, et sans doute il bailla quelque poudre somnifère à l'ivrogne Bussy; car icelui chancela, trépigna, ferma l'œil et tomba raide sur la table. Bellegarde le crut mort subitement, et se leva de sa place.

« Silence, dit Zamet. Pour vous et pour moi, allez-vous-en le plus tôt possible.

» — Oui, dis-je d'un air suppliant, n'attendez pas qu'il se réveille; il est venu, je gage, pour vous arrêter.

» — Elle a bien deviné, reprit Zamet.

Trente soldats espagnols occupent les montées et d'autres gardent la porte. Or donc, partez, et Dieu vous accompagne !

» — Je gémis de fuir devant un tel scélérat, dit Bellegarde; mais j'aime mieux cette honte que de porter préjudice à vous et à mon amie. Adieu vous dis; je ferai mon devoir pour revenir demain. »

Les chevaux de Bellegarde et de son écuyer étaient tout sellés en l'écurie; on les fit sortir par une autre issue à la dérobée, et quoique je disse, Bellegarde s'obstinait pour que Périnet ne l'accompagnât : « J'ai mon chemin tracé devant moi, et suis préparé à tout hasard. Loin de me servir, une escorte me nuirait. » Le plus long fut le baiser d'adieu, et mon ami aurait négligé de partir si Zamet n'eût joint sa requête aux miennes; il me répéta sa promesse de revenir le lendemain, et poussa son cheval au galop. Par le noir brouillard qu'il faisait, nous le suivîmes des yeux moins que de bénédictions.

Il m'annonça depuis, par lettres, qu'arrivé à la porte Saint-Jacques il s'était donné pour un messager des Seize au duc de Mayenne. « Messieurs, leur dit-il, demain à l'heure de l'Angélus le roi de Navarre sera devant vos murailles ; travaillez à vous bien défendre jusqu'à ce que M. de Mayenne vienne vous secourir, et taillez en pièces les ennemis. » Les gardes de la porte, moitié endormis, moitié troublés par cette nouvelle, ne s'opposèrent pas à son passage, et le supplièrent de se hâter. « Mes amis, leur dit-il, à six heures du matin vous aurez souvenir de moi. ! »

Cependant Bussy-Leclerc fut porté au lit; et nous résignant à tout, nous allâmes nous coucher, non pour dormir, car aucun n'en avait l'envie. Cette nuit me parut l'éternité, et le jour poignait à l'horizon, que mes craintes s'augmentèrent au bruit lointain des canonnades, qui chassa le sommeil de Bussy-Leclerc. « Aux armes! criait-il non encore bien éveillé. Que l'on sonne le tocsin!» Zamet, qui guettait son réveil, courut à lui en disant :

« Monsieur Bussy, ce sont les royalistes! on assiège les faubourgs par-delà la Seine.

» — Sur ma tête ! cinquante mille bourgeois n'auront pas de peine à vaincre quelques milliers de lansquenets et d'huguenots.

» — Allez, monsieur Bussy, encourager les nôtres à tenir bon jusqu'à l'arrivée de Mayenne.

« — Oui, seigneur Zamet, je sais mon métier de soldat, et cependant courez par la ville assembler nos amis. Aux armes ! La belle résistance que nous allons faire ! »

Bussy-Leclerc, soit que le dormir eût ôté sa mémoire, soit que l'importance du cas eût occupé tout son esprit, ne sonna mot touchant Don Cesario qu'il devait capturer; depuis même il évita d'en reparler à Zamet, qui lui sut gré de ce silence. Mais pour se venger, durant le grand siége de Paris Bussy-Leclerc écorcha Zamet de plus de cinquante mille écus à son profit. Plus tard Mayenne fit rendre gorge à ce cruel tyran.

Tandis que Zamet, bien à contre cœur, appelait les quarteniers et les dizainiers à la défense de la ville, je souffris mille angoisses en ce jour de la Toussaint. Je prêtais l'oreille aux sons confondus du gros beffroi de Notre-Dame et de toutes les cloches de Paris, aux clameurs désespérées des femmes courant par les rues, aux éclats des arquebusades, et enfin à la menaçante rumeur qui s'élevait au loin. Périnet, qui sortit pour avoir des nouvelles, me vint rapporter que les faubourgs Saint-Germain, Saint-Marceau, Saint-Victor, Saint-Jacques et Saint-Michel étaient déjà au pouvoir de l'armée du roi, qui combattait en trois parts. « La ville est prise! » crièrent quelques-uns. Ces mots mirent la confusion au comble, et les habitants se barricadèrent en leurs maisons, et on tendit les chaînes qui ferment les rues, et chacun frémissait du pillage. Cette idée ne fut pas la mienne en cette désolation générale, et je sentis comme une joie de me savoir si près de Bellegarde; mais il s'en agissait autrement. Le gouverneur, M. de Rosne, absent pour prendre Étampes, personne n'était là pour donner des ordres, ou plutôt tout le monde en voulait donner. Plusieurs des Seize s'étaient cachés, d'autres retirés à la Bastille, d'autres déterminés à s'enfuir avec leur trésor. C'est miracle que la ville ne fut pas prise. La faute en est, m'a dit Henri, à des marais où s'embourba l'artillerie, et lorsqu'il en fallait pour rompre les portes de la ville, les faubourgs rendus, elle manqua tout-à-fait. Les gens du dedans eurent le temps de se retrancher. « D'un autre côté, le faubourg Saint-Germain étant d'abord emporté sans beaucoup de sang répandu, les lansquenets de M. de Schomberg et les Suisses de M. de Lanoue s'amusèrent au pillage, qui produisit gros, et un petit nombre seulement pénétra en la ville par la porte de Nesles, à la chasse des fuyards. Ces braves gens ne s'arrêtèrent qu'au Pont-Neuf, faute d'être secourus à propos, et rétrogradèrent. Les bourgeois revinrent à la charge, la première surprise passée, et ils se montrèrent bons soldats. Plus de mille furent tués. Les églises aussi se remplirent de monde qui priait le ciel plus dévotement que ne méritait une mauvaise cause. Les prédicateurs les plus célèbres, Lincestre, curé de Saint-Gervais, Boucher, curé de Saint-

Benoît, firent en chaire de furieux sermons contre les royalistes, s'appuyant de la Ligue, de la religion et du roi d'Espagne. Le zèle se ranima partout.

Je citerai entre autres un mercier de la rue Saint-Denis, lequel avait femme, enfants, vivant de son petit négoce, et qui, en son exaltation, courut au sortir du prêche vers la porte de Nesles, criant : « Je suis l'envoyé de Dieu, et vais tuer le roi de Navarre comme fit le bienheureux Jacques Clément à l'égard de Henri troisième. » Ce fanatique, s'étant fait ouvrir la porte de la ville, eut le bras droit coupé par un boulet, et ramassant de sa gauche le couteau que tenait sa dextre, marcha en avant jusqu'à ce qu'il s'allât planter deux lances dans la poitrine.

Pendant que je pourpensais à Bellegarde, mon ami, qui à la même heure pouvait être blessé ou défunt (horrible pensée, je vous jure!), maître Engoulevent, le bouffon qui la veille tempêtait si bien en paroles contre le roi, vint piteusement réclamer du seigneur

Zamet l'hospitalité et sa protection. J'eus pitié de ce lâche misérable, et je permis qu'on le reçût en l'hôtel. « Tête de fou! dit-il à Périnet, la Ligue est une bête morte, et quand le roi voudra, je lui en vendrai la peau. »

Zamet ne rentra que vers le soir, et plus sombre qu'il n'était parti.

« La fête de la Toussaint, dit-il, n'a pas heureusement réussi au roi : les faubourgs sont pris et bloqués, mais la ville non.

» — Ce n'est qu'une journée de retardement, dis-je, et qui est si bien commencé doit bien finir.

» — Non, Gabrielle: M. de Rosne, le gouverneur, est de retour; M. de Nemours, dépêché par Mayenne, a fait son entrée tout à l'heure, et demain Mayenne se présentera en tête de son armée pour faire lever le siége.

» — Bon espoir, voilà le remède à tout : c'est partie remise.

» — A quand? mon Dieu! »

Au même instant, comme la ville était pleine de ces nouvelles propres à rassurer les ligueurs, nous ouïmes la voix d'Engoulevent qui sortait dans la rue avec ces cris : « A demain la pompe funèbre des huguenots ! Le Navarrois sera mangé par les chiens comme l'impie Jézabel. »

Le lendemain parut l'armée de la Ligue. Le roi abandonna les faubourgs et présenta la bataille, qui ne fut point acceptée de Mayenne. Après quoi il s'en alla passer l'hiver à Tours avec des prisonniers, entre lesquels était Edmond Bourgoing, prieur des jacobins, et complice du parricide de Jacques Clément, pris les armes à la main et le casque au dos, et par châtiment tiré à quatre quartiers. La retraite parachevée, Bellegarde ne m'écrivit que cette phrase imitée d'une de François Ier : « Après cette déconvenue, ma chère belle, tout est perdu fors l'amour ! »

o.

CHAPITRE III.

Éloge de Zamet. — But de ces Mémoires. — Origine de Zamet. — La queue du chien d'Alcibiade. — Les charmes de la voix. — Paradoxe. — Zamet cordonnier. — Le *Credo*. — Marguerite Leclerc. Du Tremblay. — Enfants de Zamet. — Mort de Marguerite. — Hamilton, curé de Saint-Côme. — Le couvent. — Le chevalier d'Aumale. — Les deux rivales. — Une ruse de femme. — Le cardinal Cajetan, légat du pape. — Son entrée à Paris. — Les arquebusades. — Les harangues. — La mule et le coche. — Gabrielle blessée d'un coup d'arquebuse. — Vengeance de M. d'Aumale. — Le légat et sa suite. — Hémorrhagie. — Guérison. — Procession aux Augustins. — Adieux du chevalier d'Aumale à Gabrielle. — Mauvais présage. — Bataille d'Ivry. — Le panache blanc. — Défaite de Mayenne. — Comment la nouvelle en vient à Paris. — Fureurs des ligueurs et des Seize. — Du Tremblay sauvé par son cheval. — Le ligueur incorrigible. — Les cendres de Jacques Clément. — La croix de Lorraine. — Retour du chevalier d'Aumale. — Ses aventures à la déroute d'Ivry; Bellegarde lui sauve la vie; les prisonniers de M. de Rosny. — Négociations. — Situation de Paris. — Les prédicateurs. — Conférence entre Gabrielle et madame de Sourdis. — Le nuage. — Henri IV assiége Paris.

Durant plusieurs mois que je séjournai à l'hôtel de Zamet plus volontiers que chez ma tante de Sourdis, je cimentai cette bonne amitié qui doit durer autant que nous et survivre à nos corps mortels. Zamet depuis lors n'eut aucun secret à me cacher, et je n'eus pas plus de défiance envers lui. Je sais que les méchants ont tenté de noircir sa renommée, et les calomnies dont il est l'objet viennent des services qu'il a rendus. Aussi j'aime à voir Henri le chérir si particulièrement. Zamet pour sa part n'aurait rien de trop précieux, voire même sa vie, pour obliger son maître. Comme à cette époque il me conta tout au long l'histoire de sa vie, qu'il déguise maintenant comme par pure modestie, je la veux coucher par écrit de préférence à tout éloge. Henri, auquel j'ai montré ce commencement de Mémoires, m'a suppliée de les continuer et de les mettre au net sans ménagement aucun ; ce lui est un vrai plaisir de se reporter en arrière, et il me baise les mains avec délices, ce disant : » Gentilles mains qui maniez si bien la plume, tiendrez-vous pas le sceptre de France ? « Bientôt ses promesses porteront leur fruit ; et si ce bon prince ne s'ennuie du récit naïf de nos amours, je lui remettrai sous les yeux un choix des lettres qu'il daignait m'écrire. En attendant, je le ferai content par la narration que m'a faite Zamet lui-même (1).

Sébastien Zamet est né à Lucques, de la famille Zametti, fort noble et fort ancienne comme s'en pourra convaincre sur les lieux quiconque le nierait. Il fut élevé par ses père et mère avec prédilection, de sorte que fort jeune il était capable en tous les arts et sciences, et jusque dans la cabale juive, dont il se garda ensuite par religion. Il avait de naissance une grosse fortune qui le mit en relief en cour de Rome, où il alla ainsi que ses frères cadets Horace et Jean-Antoine. Le saint père connut son esprit merveilleux à un bon mot qu'il lui fit sur la réforme: « Monseigneur, dit-il, ce qui plaît au vulgaire en cette réforme, c'est le

(1) Comme ce récit ne se lie pas exactement aux Mémoires, il est possible que le secrétaire de Zamet ait ajouté ce hors-d'œuvre par une flatterie bien facile à expliquer.

(*Note de l'éditeur.*)

nouveau, rien de plus : que ne faites-vous une réforme catholique et romaine ? Pour cela que faudra-t-il ? couper la queue du chien d'Alcibiade. » Zamet avait goût à la musique, et il s'y adonna tellement que son chant valait celui du plus habile rossignol. Cependant jamais il ne fit marchandise de son talent, et parcourait les États d'Italie en se faisant ouïr avec mille applaudissements. Madame Catherine, qui avait des accointances politiques en Italie, voulut savoir si des merveilles que l'on contait du chant de Zamet il n'en fallait pas rabattre moitié. Donc elle écrivit de sa main à ce seigneur, le priant de venir en sa cour, où il aurait accueil digne de lui et digne d'elle. Zamet se fiant à ces promesses, chargea sur un vaisseau tout ce qu'il possédait, et par la Méditerranée fit voile vers Marseille. Mais son voyage fut interrompu de triste façon par un pirate de Tunis qui l'emmena en esclavage. Or, à peu de temps de là, Zamet ayant par sa voix mélodieuse guéri une des femmes de son maître, qui se mourait de langueur, obtint sa liberté et se rendit tout d'une traite à la cour de France. La reine-mère le reçut très honorablement, et bientôt ne s'en voulut plus séparer. Elle rendit à Zamet plus qu'il n'avait perdu, et Zamet, soit au bal, soit à la chapelle, faisait admirer son gosier. Il était redevenu riche et content de son sort. Il manda ses deux frères qui étaient à Lucques de gros seigneurs. Ceux-ci vinrent pareillement auprès de madame Catherine, et furent déclarés Français par lettres-patentes en l'année 1581. Le premier est décédé depuis sans postérité ; quant au deuxième, il est plus souvent à Rome et à Naples qu'à Paris. Alors Sébastien Zamet, quoiqu'il n'eût pas moins de cinquante ans à l'avènement du roi Henri troisième, rossignolait plus gentiment que jamais. Le soir, quand Sa Majesté tenait le jeu avec ses mignons, Zamet chantait de belles chansons et de beaux cantiques en s'accompagnant du luth ou de l'épinette. Henri troisième l'avait en affection singulière, et le matin il se fût levé tout morose si Zamet ne fût venu lui charmer les oreilles.

DE GABRIELLE D'ESTRÉES.

Ce n'était pas, comme j'ai dit, son unique mérite, et pour preuve j'en conterai ce petit fait, qui a pu donner matière à des calomnies ridicules, établies en plusieurs têtes assez bonnes du reste, par lesquelles on a fait un cordonnier du seigneur Zamet. Un jour, au Louvre, après le retour de la chasse, le roi, devant ses courtisans, enviait aux écoliers leur adresse à faire des engins à prendre des oiseaux.

« Sire, dit Brantôme, voyant ce regret à Votre Majesté, j'en tire cette induction que toute chose est bonne à savoir.

» — Bien plus, reprit Zamet, je prétends que sans avoir rien appris un habile sait tout faire.

» — Voilà un étrange paradoxe, dit le roi, et je crois, monsieur le chanteur, que vous-même seriez fort empêché si l'on vous donnait tel ministère que je sais bien.

» — Sire, j'accepte le défi et n'en veux d'autre prix que la continuation de votre amitié.

» — Vive Dieu! Zamet, es-tu homme à me bâtir des souliers comme ferait un cordonnier

» — Sans aucune peine, et je ne sache pas de cordonnier qui les fît de telle sorte. »

Le roi avait élu des souliers pour le défi, parceque par accoutumance il regardait plutôt ses pieds qu'autre chose. Les assistants rirent à perdre haleine; mais Zamet dit grand merci au roi pour lui avoir procuré ce moyen de lui plaire, et s'en alla se faire cordonnier. Il travailla tant assiduement que le lendemain au lever du roi, où la presse était grande, il apporta une paire de chaussures extrêmement galantes, à savoir, des souliers de satin blanc peints au-dessus des portraits de plusieurs mignons, et sous la semelle, faite de cuir parfumé, était l'image des plus détestables ennemis du roi, avec cette inscription des Psaumes: *J'ai forcé tes ennemis à te servir de marche-pied.* Cette invention tout-à-fait nouvelle fut à la cour grand sujet de jalousie, d'autant que derrière le talon Zamet avait pourtrait son visage riant et jovial. Donc les envieux publièrent que Zamet était fils d'un cordonnier.

Avant cette particularité, Zamet avait pris femme d'une façon non moins bizarre. Un jour de Pâques, qu'il était allé ouïr la messe à Notre-Dame, il se plaça dans les orgues, et au moment préfix, entonna le *Credo* d'une voix si séraphique et si inattendue, que les chantres du lutrin s'arrêtèrent pour écouter leur maître, et tous les fidèles demeurèrent en extase, pensant que ce fût le concert des anges. Zamet, tout entier à sa dévotion, continua jusqu'au bout avec des tons gazouillants qui n'avaient rien d'humain. Ceux qui étaient dans l'église purent voir d'où partait cette harmonie céleste, et chacun se promit de revenir en cas qu'elle recommençât. Zamet répondait bien dévotement : *Cum-spiritu tuo*, lorsque se vint mettre à genoux derrière lui, en manière d'adoration, une femme de noir vêtue et voilée. Zamet n'y prit pas garde avant la fin de la sainte messe, où, voulant sortir, cette dame baisa le pan de son habit.

« Madame, dit-il, pensant que ce fût quelque fille de joie, fi! n'avez-vous pas vergogne de faire votre métier en présence de la croix de Notre Seigneur Jésus-Christ?

» —Monseigneur, dit-elle humblement, vous m'avez fait jouir d'avance du paradis.

» —Comment donc?

» — Votre voix ressemble à celle de l'ange qui fit l'annonciation à la sainte Vierge.

» —Madame, je vous prie de ne pas railler en ce saint lieu, ou plutôt allons dehors.

» —Ah! monsieur, comme la Madeleine dont je porte le nom, je veux me prosterner et vous adorer.

» — Madame, cessez ce jeu, et laissez-moi aller. »

Ces paroles dures causèrent une défaillance à cette dame, qui, relevant son voile pour avoir de l'air, montra la plus divine figure qu'on ait jamais vue sur terre. Zamet en resta confondu, le regard fixe et la bouche béante. Le monde avait vidé l'église, et ils étaient seul à seule, se regardant en silence; l'amour entra dans leurs cœurs par leurs yeux, et en même temps ils sentirent un besoin de ne se plus quitter. Zamet conduisit en son hôtel cette dame, sans lui demander son nom, et ils vécurent bien dix ans sans que personne autre que leur confesseur connût leur liaison. Madame Madeleine Leclerc, de la famille du Tremblay (c'est ainsi qu'elle dit avoir nom) ne sortait dehors ni jour ni nuit, et se cachait aux regards des hommes et des femmes. Une vieille nourrice qui la servait bien fidèlement la voyait seule à visage découvert. Maintefois Zamet, chagrin de ce mystère, disait à son amie :

« Ne voulez-vous pas être mon épouse légitime, pour prix des beaux enfants que vous me donnez ?

» — Pour Dieu! répondait-elle, si vous m'aimez un peu, gardez-vous de parler de mariage avec moi.

» — Et pourquoi cela? Je voudrais vous mettre bien en cour et vivre publiquement en votre cohabitation.

» — Non, je vous dis, ne me tentez pas. »

Zamet cessait ce propos et s'émerveillait grandement de ce mode de vie. Cependant il était bon mari à l'égard de cette femme, qui le priait chaque soir de chanter un psaume de David traduit en vers français par Clément Marot, à la façon des protestants de Genève. Elle mit au monde plus de quatre enfants, dont trois sont encore existants, savoir : une fille mariée fort richement et malheureusement, car on ne sait ce qu'elle devint depuis sa retraite en Italie; Jean Zamet, simple garde du roi, jusqu'à ce qu'il parvienne aux honneurs et dignités par son propre mérite ; et Sébastien Zamet, qui a pris les ordres, et sera évêque dans peu, à cause de sa piété exemplaire. Je préfère Jean, comme le plus noble d'air et de visage. Sa Majesté n'a pas de meilleur garde, et le sait bien. Madame Madeleine ayant donné à son ami Zamet cette belle progéniture, se sentit proche de la mort et avoua tout. Elle était femme d'un capitaine ligueur nommé du Tremblay, mort depuis au siége de Paris. Elle fut élevée en la religion réformée, mais pour échapper aux poursuites de son mari, bon catholique, elle consentit d'aller à la messe, où elle fit la rencontre de

Zamet comme j'ai dit. Le plaisir qu'elle eut de l'écouter chantant lui fit fouler sous les pieds ses devoirs d'épouse, et la réduisit au métier de concubine. Zamet, qui lui portait une véritable amitié, fut touché de ses grands repentirs et pardonna ce qu'il put, laissant le reste à la miséricorde de Dieu. Madame Madeleine trépassa après confession et absolution. Zamet, selon ses suprêmes volontés, alla chez M. du Tremblay, qui demeurait inconsolable de la disparition de madame sa femme; mais quand de la bouche de Zamet il apprit la conduite et la mort de celle-ci, sa grosse douleur prit fin. Au lieu de détester Zamet, eu égard à cette histoire, il l'admira dans sa discrétion, et depuis entretint avec lui un commerce honorable. Après la perte qu'il fit de Madeleine, Zamet ne se voulut plus lier par aucune alliance, dont les plus hautes familles le sollicitaient, disant : « Mal venu peut revenir ! » Avant la destruction de la Ligue il n'avait point encore les titres et noblesse que le roi lui a donnés à ma requête, et comme il s'intitula lui-même au contrat de ma riage de sa fille, il n'était que seigneur suzerain de dix-sept cent mille écus. Cette immense fortune, qui croît et croîtra, commença des bontés du roi Henri troisième. Zamet, dans le parti du sel, gagna de bonnes sommes qu'il prêtait à tout venant, voire à Henri, qui lui rendait le centuple. Maintenant on peut dire qu'il n'est pas en cour un plus digne seigneur que lui, de toutes les vertus orné, et par-dessus tous d'une plaisante humeur. Je l'aime aussi dès l'enfance, et lui de même, comme sa fille. Je retourne à ma narration.

Je fus si contristée de voir échouer l'entreprise contre Paris, que je voulus rancune à Bellegarde de n'y pouvoir mais; je m'obstinai et me déterminai à ne point revenir à Cœuvres, bien qu'il m'en priât pour m'y aller joindre, tant que le roi serait à Tours. Bien plus, peu s'en fallut que je ne devinsse ligueuse. Voici comme. J'allai entendre un sermon que fit Hamilton, curé de Saint-Côme, éloquent prédicateur, quoique Écossais. Il parla contre le Béarnais, trompé en ses desseins par la sainte

Vierge et par sainte Geneviève, patrone de Paris. Il promit tant de fois le paradis à quiconque se liguerait en prières, jeûnes et pénitences pour la défense de l'église romaine, que je fondis en larmes et m'allai cloîtrer en un couvent de la rue Saint-Jacques. Dieu sait si je n'y serais pas encore à cette heure, si ma tante de Sourdis, assistée de Zamet, ne fût venue battre en brèche ma résolution, et la rendre tout indécise. Je mis bas pourtant une fausse honte, et sortis du couvent avant l'expiration de mon vœu.

« Petite, me dit madame de Sourdis avec enjouement, votre conversion m'étonnerait moins si vous aviez élu domicile en un couvent d'hommes.

» — A ma place, répondis-je, qu'auriez-vous choisi, des capucins, des dominicains, des jésuites, ou des cordeliers ?

» — Il me semble que les capucins sont trop sales, les dominicains trop grands parleurs, les jésuites trop écrivailleurs ; mais des cordeliers aucune dame ne se plaint. »

Néanmoins j'eus peine à reprendre mon train de vie, et les fêtes, jeux, spectacles et festins m'agréaient moins que les processions, qui n'étaient pas épargnées en ce temps-là. Je ne sais pourquoi je m'étais refroidie pour Bellegarde, qui ne cessait pas ses lettres; et si le pauvre chevalier d'Aumale ne fût mort en l'affaire de Saint-Denis, j'aurais bien pu l'aimer comme il m'aimait.

Le chevalier d'Aumale était un parfait gentilhomme, beau en toute sa personne, martial, galant de fait et de paroles, hardi à l'excès, et plus noble que le duc d'Aumale, son frère aîné. La première fois que je le vis au combat singulier de l'Isle-Marivaux, il me regarda de façon à me dire qu'il voudrait bien ne pas s'arrêter au regarder. Je le laissai faire, et même il me plaisait d'être remarquée par lui. Depuis il fut interrompu en ses amours par des expéditions qui, à son regret mortel, l'éloignaient de moi et de Paris. Mais comme il se hâtait de les pousser à leur fin, il n'était guère absent, et revenait me conter ses grandes peines de cœur. Je riais bien fort de son martyre sans vouloir le terminer. Il fréquentait à mon sujet l'hôtel de Zamet, où madame de Sourdis, qui le vit, ne le put distraire de m'aimer. Elle n'en fit qu'un infidèle pour prix de ses complaisances; et ce bon chevalier, après quelques politesses adressées à ma tante, revola plus amoureux à mes genoux, et je lui en sus bon gré. Madame de Sourdis faillit rompre avec moi, piquée au vif de se voir méprisée.

« Madame (1), dit-elle un jour, il est beau d'avoir deux amants à la chaîne, et de les tenir l'un et l'autre.

» — Madame, repris-je, prenez-les tous deux s'ils vous conviennent; je ne suis inquiète d'en trouver plus de cent quand je voudrai.

» — Ce n'est pas que j'attache grand prix à

---

(1) Le titre de *madame*, donné à Gabrielle d'Estrées en différents endroits avant son mariage avec le comte de Liancourt, nous induit à penser, comme plusieurs contemporains l'assurent, qu'elle menait une conduite fort équivoque avant d'être aimée d'Henri IV; Bassompierre dit positivement qu'elle fut *entretenue* par plusieurs gentilshommes.

(*Note de l'éditeur.*)

l'amitié de M. le chevalier d'Aumale, fort curieux de femmes à bonne volonté.

» — Je vous prie, madame, pour votre honneur, de vous être plus charitable.

» — Gabrielle, je ne vous ferai pas de reproche de votre mère.

» — Ni moi de votre sœur. »

Madame de Sourdis s'en allait toute colérée par cette querelle, lorsque d'Aumale la rencontra par les montées.

« Où donc, lui dit-elle, venez-vous après la départie de mademoiselle d'Estrées ?

» — Sur mon âme! répondit-il, quelle nouvelle?

» — Ce matin elle reçut des lettres de monsieur son père malade, qui la mandait, et elle n'a guère arrêté, comme vous voyez.

» — Au moins si je lui eusse dit adieu!

» — Que n'y allez-vous de ce pas? Elle n'a pas encore fait dix lieues de chemin.

» — Par le sang de mon père! je n'excuse pas cette fuite soudaine, et lui en veux pour long-temps.

» — Pauvre chevalier ! je su isprenant part à vos ennuis, et voudrais vous les adoucir.

» — Oh ! madame, l'amour ne saurait tenir contre l'indifférence, et me voilà tout consolé.

» — Accompagnez-moi en ma demeure, monsieur d'Aumale, je vous dirai jusqu'où va la perfidie de ma nièce. »

Ils partirent ensemble, et madame de Sourdis profita du dépit qu'elle avait fait naître par sa ruse. Le lendemain elle revint triomphante me conter le cas, qui me parut fort amusant, et j'en ris toute la première. Ce que voyant madame de Sourdis, elle se réconcilia, s'excusant de ses torts et me priant de les pardonner. Une accolade conclut la paix, et il arriva de là que M. d'Aumale continua de m'aimer, non sans haïr ma tante qui l'avait trompé si aigrement. Cet amour allait très honnêtement et ne faisant de progrès que d'un côté, quand je faillis périr d'un accident qui me fit avoir la Ligue en horreur.

Le cardinal Cajetan, légat du pape et partisan des Espagnols, était attendu à Paris comme le messie des Juifs. Le peuple fanatique croyait que la paix devait s'ensuivre, ou du moins la perte totale du Béarnais, roi des huguenots, comme on appelait hautement Sa Majesté. Du cardinal de Bourbon, dit Charles X, il n'en était pas plus parlé que s'il fût déjà mort ; seulement M. de Mayenne, qui s'était créé lieutenant-général du royaume, faisait battre monnaie au coin de Charles X, alors vivement incommodé de la pierre en sa prison de Fontenay-le-Comte. Sitôt que le bruit vint de l'arrivée du légat, les bourgeois de Paris se crurent sauvés de tous les siéges à venir, et la joie fut générale. Aussi chacun, en habit de cérémonie, voulut paraître à son entrée, qui eut lieu le cinquième de janvier de la nouvelle année 1590. Zamet devait y être parmi les plus notables. Madame de Sourdis, toujours en quête de plaisirs, me pria de l'accompagner sous la conduite du chevalier d'Aumale. Je n'étais pas en humeur de voir cette pompe, comme si j'eusse appréhendé ce qui arriva.

« Le légat, dit M. d'Aumale, entrera par la

porte Saint-Jacques, et j'ai dans le faubourg une maison, des fenêtres de laquelle vous verrez toute la fête.

» — Non, dis-je, la foule sera sans doute immense en cet endroit, et il ne fera pas bon à recevoir les mousquetades à brûle pourpoint.

» — Je ne souhaiterais pas vous déplaire, belle dame, mais je serais content de vous servir d'écuyer. »

Il fallut bien se rendre; et le lendemain nous allâmes à cheval de compagnie vers le faubourg Saint-Jacques, où dix mille Suisses, mousquetaires et arquebusiers avaient été commandés pour brûler de la poudre à la barbe de M. le légat, peu accoutumé à semblable accueil, car les soldats du pape tiennent un parasol en guise de mousquet.

D'abord je n'eus pas à me repentir d'être venue à cette ovation où figuraient l'université, le parlement, les divers corps et métiers, et plus de vingt mille bourgeois en armes. Puis des troupes suisses et espagnoles rangées des deux côtés de la rue, l'arquebuse chargée et la mèche allumée : sur les remparts, les canons s'apprêtaient à célébrer la bienvenue de M. le légat. J'omets les cris joyeux, les psaumes chantés, les religieux et prêtres, croix et bannière en tête. Du plus loin qu'on aperçut le cortége arrivant, l'artillerie fit un horrible vacarme; je me bouchaïs les oreilles pour ne pas devenir sourde. M. le légat, monté sur une mule caparaçonnée, selon l'antique l'usage dans les entrées des légats, approcha jusqu'à venir s'arrêter vis-à-vis la maison d'où je regardais. Suivait un coche au dedans duquel étaient le père Bellarmin, jésuite et plus que jésuite; François Panigarole, évêque d'Ast et habile prédicateur; et d'autres que j'ai oubliés.

« M. le légat, dit madame de Sourdis, considère les femmes plus curieusement que je n'attendais d'un Italien.

» — Il est tout Espagnol par goût de l'or du Pérou, » répondit M. d'Aumale.

Alors commencèrent les arquebusades plus dru qu'à la bataille, et ce jeu dura jusqu'au soir, ainsi que les discours, qui du moins, s'ils ennuyèrent, ne causèrent le trépas de personne.

Ce pourquoi M. le cardinal Cajetan, fort mal à son aise de peur, sous un prétexte quelconque, au scandale de beaucoup, se retira en sa voiture. M. La Chapelle-Marteau, prevôt des marchands, pérora long-temps devant la portière de M. le légat, qui se retirait au fond du coche à chacune des décharges. Sitôt une harangue finie, les pétarades partaient au nez du pauvre cardinal, qui craignait le plomb d'un Politique parmi toute cette fumée, et se démanchait le bras à force de faire signe qu'on cessât. Rien ne faisait, et les artilleurs expliquaient ces gestes en bénédictions.

« De cette fenêtre, dit madame de Sourdis, nous ne voyons pas si M. le légat est jeune ou vieux.

» — Que vous importe ? répondis-je, n'avez-vous pas un confesseur ?

» — Quoique vous disiez pour raillerie, reprit-elle, je serais contente de m'approcher davantage. »

Je refusais de descendre en la rue ; mais comme M. d'Aumale me jura de ne pas s'éloigner de moi, je fis ce qu'ils voulurent, et mal m'en trouvai. A peine nous étions tout auprès du carrosse, que M. Bussy-Leclerc cessant de haranguer, une décharge qui suivit m'apporta une balle dont je me crus morte. Je criai : « Je suis tuée, » et tombai pâmée. M. d'Aumale me voyant cheoir à terre et entendant mon cri désespéré, pensa que j'avais rendu l'âme. De fureur il dégaîna, et se rua contre les premiers qui s'offrirent. Un petit moine portant à grand' peine une arquebuse à fourchette, et qui vraisemblablement avait fait le coup, rechargeait déjà son arme, quand l'épée du désolé chevalier le perça de part en part sans qu'il eût le temps de dire merci. Cette vengeance ne se fût pas arrêtée à si peu ; mais des gentilshommes de ses amis avaient entouré M. d'Aumale, qui eût navré le légat lui-même si on l'avait laissé faire. Cependant le bon Zamet, qui de loin avait tout vu, accourut en s'arrachant les poils de la barbe. Il me fit emporter en la maison prochaine, où je repris connaissance entre les mains des docteurs de la faculté, qui, ayant sondé et pansé ma blessure dans le côté, la déclarèrent fort mauvaise. Ils ne purent extraire le plomb que le troisième jour, et jusque là ma guérison ne fut guère assurée. Vint M. d'Aumale, qui, pour me savoir en vie, n'était pas moins irrité, et jurait de couper par morceaux ces enragés tireurs d'arquebusades.

« Pâques Dieu! disait-il auprès de ma couche, gardons notre poudre contre le Béarnais, sans la faire servir à offenser les dames. M. le légat avait bien que faire d'être salué de cette sorte!

» — M. le légat, reprit madame de Sourdis, se réjouit pour soi-même de ce qui est arrivé; car, selon toute apparence, un Politique lui destinait le coup.

» — Au diable le maladroit! dit Zamet qui depuis la Ligue avait perdu son naturel enjouement. »

Je réconfortai par de bonnes paroles ceux qui là étaient, et fis prier M. le légat de me donner une absolution papale, pour guérir l'âme sinon le corps. M. d'Aumale se fit mon ambassadeur, et l'instant d'après amena ledit légat, MM. Panigarole et Bellarmin, La Chapelle-Marteau et Bussy-Leclerc.

« Monseigneur, dit Zamet, voici une pauvre victime de la maladresse ou de la méchanceté de quelque arquebusier.

» — Mes chers frères en Jésus-Christ, répondit le légat, j'avais l'appréhension d'un malheur, car les armes qui servent à la guerre ne sont pas un jeu.

» — Par l'acier de ma lame ! monseigneur, reprit Bussy-Leclerc, le danger est nul, et vous devez vous trouver fort honoré de cette réception ; mais, parmi tant de braves gens, un Politique n'a pas son nom écrit au visage.

» — Monseigneur, dis-je au légat, si j'en meurs, pensez-vous que j'aille au paradis ?

» — Tout aussi vrai que l'auteur du coup ira en enfer, reprit le légat.

» — Non, sur mon âme ! ma chère dame, dit d'Aumale tout en larmes, vous ne mourrez pas si jeune et si belle.

» — Mon maître, dit Zamet parlant à une vieille perruque de docteur, je vous promets plus de mille écus si votre art triomphe du mal. »

Le cardinal Cajetan s'estimait protégé du ciel pour n'avoir pas eu la même chance que moi; et m'est avis qu'il se trouvait bien hors de son coche, qu'il offrit pour me transporter à l'hôtel de Zamet. M. d'Aumale avait commandé qu'on fît venir une litière pour que je ne fusse point incommodée de la route, qui fut longue et dangereuse, puisque la plaie se débandant je perdais tout mon sang si l'on ne m'eût fait séjourner au logis de madame de Sourdis, dans le cloître Saint-Germain-l'Auxerrois. On attendit là que je fusse mieux rétablie pour continuer le transport, rue de la Cerisaie, où se fit ma convalescence. M. le légat me fut à part lui fort obligé de ma blessure qui devait être sienne; car il y gagna d'être délivré de ce bruit de poudre, mais non des harangues qui le fatiguèrent grandement, comme il ne s'en vanta pas.

J'écrivis la nouvelle de ma blessure à monsieur

mon père et à Bellegarde, qui me fit réponse que pour venger le sang sorti de mes veines, faisait ses serments d'occire de sa main plus de cent ligueurs; c'eût été trop de la moitié. Mon entière guérison se fit attendre plus de trois mois, et peu s'en fallut que je ne devinsse cul-de-jatte et estropiée à toujours. J'en avais une peur qui m'ôtait l'envie du boire et du manger. Un mois durant je marchai avec des potences, ce qui faisait dire à ma tante de Sourdis :

« Bon courage, ma nièce, vous monterez en grade pour avoir été mise à mal par la Ligue; le roi de Navarre sera fort glorieux de vos blessures.

» — Que monsieur votre mari ne les prenait-il ? répondis-je ; je les lui aurais cédées volontiers. »

Le chevalier d'Aumale, s'accusant de mon infortune, me venait visiter tous les jours avec un zèle si tendre, que je faillis l'aimer, tant il est vrai que l'absence est le contre-poison de l'amour. Bellegarde n'eût pas eu long-temps l'avantage si la guerre n'eût forcé M. d'Aumale de partir bon gré mal gré. Ce fut le lendemain de la procession triomphante faite par le légat aux Augustins, pour attirer la bénédiction de Dieu sur l'armée du duc de Mayenne, qui s'en allait livrer bataille au roi, après la levée du siége de Dreux. Le soir il y avait eu réjouissances publiques et illuminations à l'hôtel de l'ambassadeur d'Espagne, car on ne doutait pas que le Béarnais ne fût totalement défait par des forces supérieures; M. d'Aumale me vint voir de bonne heure, à cheval et tout prêt à rejoindre son poste; mais je m'étonnai de son air piteux et déconvenu.

« Madame, ce dit-il, je m'en vais prendre congé de vous, peut-être pour un long terme, peut-être à tout jamais.

» — Monsieur d'Aumale, dis-je, je suis trop amie de la vérité pour vous souhaiter la victoire; vous savez bien que mes vœux sont de l'autre côté.

» — Aussi, madame, j'ai mauvais augure de ce combat, et voudrais pour ma vie que M. de Mayenne s'en dispensât.

» — Je crois qu'il agirait prudemment, dit Périnet, d'autant que les astres ne promettent rien de bon.

» — C'est à savoir, reprit M. d'Aumale, si de vaillants hommes n'auront pas plus d'influence en cette affaire que les astres.

» — Monseigneur, répondis-je, le langage des étoiles peut être obscur; mais pour trompeur, il ne l'est pas.

» — N'importe, dit-il; que vous me donniez votre main à baiser avec un souhait de me voir vainqueur, et je réponds de la suite.

» — Pour ce qui est de ma main à baiser, la voici, dis-je; mais je vous donne à penser où ira mon souhait.

» — Adieu donc, chère inhumaine; je ne suis plus garant des évènements; et quelque chose qui advienne, je ne faudrai pas à revenir où vous serez.

» — Monseigneur, dit Périnet, avant tout assurez-vous d'un bon cheval.

» — Qu'est-ce à dire, monsieur le sorcier?

reprit M. d'Aumale; me pensez-vous capable de fuir?

» — Monseigneur, répondit Périnet, les éperons sont venus bien à propos à de non moins braves gentilshommes.

» — A Dieu ne plaise qu'il en soit ainsi! dit avec un soupir le chevalier qui partait. »

Quand il fut loin, Périnet me confia qu'il prévoyait du côté de la Ligue un grand désastre, et que des armées combattantes avaient été vues au-dessus de Paris dans le ciel. On sait ce qui en arriva.

La bataille se donna le dix-neuvième de mars, près du bourg d'Ivry, où se rencontrèrent les deux armées; celle du duc de Mayenne plus forte de six mille hommes. Ce n'est pas mon affaire de décrire cette belle victoire; avant laquelle notre bon roi dit à ses soldats : « Enfants, si les cornettes vous manquent, ralliez-vous à mon panache blanc, que toujours vous êtes sûrs de trouver au chemin de l'honneur: ayez tout espoir, Dieu est pour nous! » Bellegarde, qui m'écrivit la relation détaillée de ce qui se passa, n'a pas trop loué la valeur des royalistes. Quand la déroute se déclara, Henri cria encore: « Main basse sur l'étranger, la vie sauve aux Français! » On poursuivit les fuyards, et parmi les plus considérables tués du parti de la Ligue, furent le comte d'Egmont et M. de La Châtaigneraie. L'armée royale fit aussi de grosses pertes en ses meilleurs gentilshommes, et M. de Rosny, dès que l'occasion s'en présente, nous assassine des sept blessures qu'il y reçut et des illustres prisonniers qui voulurent se rendre à lui mort à demi. En somme, cette journée dont l'avantage appartient à MM. les maréchaux d'Aumont et de Biron, avança bien les affaires du roi et trancha presque le nœud gordien de la Ligue. M. de Mayenne, avec les misérables débris de son armée, la veille si chargée de clinquant et d'argent, qu'on l'eût dite conviée d'une fête, se retira tout confus à Saint-Denis, sans oser reparaître à Paris, où le bruit de la défaite avait causé une prodigieuse désolation, quand l'annonça le sieur du Tremblay.

Ce fut le vingtième au matin, que personne

en la ville ne doutait du bon succès de l'action ; les prédicateurs dans les églises exaltant par avance les hautes destinées de la Ligue, le Béarnais pris ou tué, le roi Charles X libéré de la captivité ; soudain entra par la porte Saint-Denis un cavalier, dont les armes étaient rompues et faussées, horriblement souillé de sang et de poussière, et dont le cheval pareillement blessé en plusieurs endroits haletait par suite d'une longue traite ; en cet état méconnaissable on voulut l'arrêter ; mais s'étant nommé, il passa outre sans répondre aux questions et il traversa la ville en un si déplorable équipage que le vulgaire s'enfuyait de le voir. Arrivé devant le Palais, se voyant environné d'une assez grosse foule, il cria par deux fois à voix haute : « *De Profundis !* » puis ajouta d'un air contrit : » Messieurs les bourgeois, je soupçonne que Dieu m'a conservé le souffle pour venir vous rapporter cette lamentable nouvelle : le Béarnais et le duc de Mayenne se sont rencontrés près d'Ivry ; la mêlée a été funeste, et du carnage je suis seul échappé. Maintenant le roi de Navarre s'en va assiéger Paris. » Ce cri jeta dans le peuple une telle consternation, qu'il se fit un silence troublé seulement par des sanglots. Mais ce messager de triste augure faillit payer cher la vérité de son dire. Hamilton, le curé de Saint-Côme, qui passait par là, s'écria en frénésie :

» Cet homme est un traître Politique envoyé pour mettre le découragement dans le peuple.

» — Oui, par mon chaperon! dit Crucé, procureur en cour d'église, et bon ligueur depuis les Barricades, le coquin ment comme son père ; le vrai est que le Béarnais est mort, et que les siens sont taillés en pièces.

» — Sans doute, dit le prédicateur Boucher, faites appliquer la question à cet homme huguenot, je vous jure, et il confessera qu'il a flairé l'or anglais du Navarrois.

» — Vive Dieu! se récria M. du Tremblay indigné de pareils soupçons, méchants que vous êtes, voyez mon sang qui a été versé pour votre défense, et coule encore !

» — Eh bien! répondit le jésuite Bellarmin,

si l'ange exterminateur veut que tu dises vrai, tu es digne de la hart pour n'avoir pas gardé ton rang jusqu'au dernier soupir.

» — Or donc, messieurs, dit-il, je consens à être pendu à la Grève ou à Montfaucon comme lâche et déserteur, pourvu que les autres en même cas que moi subissent même châtiment, M. de Mayenne tout le premier.

» — Trêve à tout ce verbiage, crièrent à la fois plusieurs des Seize; n'est-ce assez de l'infortune de la Sainte-Union, que par tes criailleries tu tendes à déconcerter les bourgeois et les métiers ?

» — M'est avis, disait Crucé, qu'il doit payer pour tous, et porter la peine de sa malencontreuse nouvelle.

» — Au nom de la religion catholique et romaine, dit à propos Du Tremblay, je somme tout franc ligueur de s'armer en diligence, et de courir aux murailles, ou le Béarnais sera bientôt, croyant vous surprendre dans la douleur et l'incertitude.

» — Aux armes ! et vive la Ligue ! répétèrent les zélés en courant çà et là vers leur logis.

» — Je ne tarderai guère à vous joindre, mes amis, dit M. du Tremblay. Je m'en vais me faire panser ; car depuis hier il n'est entré dans mon corps que deux ou trois épées et autant de balles.

» — Du Tremblay, lui dit Crucé faisant mine de l'approcher, la défaite est-elle aussi épouvantable que vous l'annoncez ?

» — Cent fois pire ! » reprit-il en piquant son cheval.

La pauvre bête, comme si elle eût senti en quel mauvais pas était son maître, s'efforça de vivre jusqu'à galoper par les rues, soufflant des naseaux et trébuchant. Enfin quand M. du Tremblay fut rendu rue de la Cerisaie, son cheval tomba mort sous lui. « Un peu plus tôt, dit-il, j'étais mort aussi des mains de cet ingrat peuple ! »

Zamet l'accueillit en vieil ami, manda le docteur et l'apothicaire, et le fit soigner comme s'il fût son frère. Il me conduisit en sa chambre, disant : « Voici une belle dame qui n'a pas été mieux traitée que vous, et non pas en temps de guerre ! » Là-dessus il conta mon accident ; et M. Du Tremblay, l'âme aigrie de la réception que les Parisiens lui avaient faite, me dit fort durement :

« Madame, si j'étais que vous, je voudrais bien du mal à l'Union.

» — Et vous, monsieur, répondis-je, ne vous vengerez-vous pas des menaces iniques qui vous mirent ce matin à deux doigts de votre perte ?

» — Que si que je m'en vengerai, et le plus tôt qu'il se pourra !

» — Comment, s'il vous plaît ?

» — En donnant pour notre sainte cause le peu de sang qui reste en mes veines. »

Je vis bien par là que c'était un déterminé ligueur ; et quand les deux fils de Zamet le vinrent embrasser, il dit à leur père : « Je suis obligé à feu ma femme d'avoir cherché ailleurs le moyen de vaincre sa stérilité ; elle a laissé de bons défenseurs à la Ligue. « Mais les petits firent une grimace, et Zamet les excusa en ces termes :

« Ces chers enfants ne savent encore discerner la bonne cause de la mauvaise, et ne manient encore pour toute arme que des bâtons inoffensifs.

» — En cela vous avez tort, Sébastien ; le temps où nous vivons exige que dès l'enfance on sache l'usage du fer et de la poudre. A l'âge de ces marmots, voire même auparavant, je jouais de l'épée contre M. Bussy-Leclerc, tireur d'armes fort expert.

» —Monsieur, dis-je, quoi que vous pronostiquiez de sinistre, j'espère que la paix se fera.

» — Non pas, madame, reprit-il, à moins qu'il n'apparaisse un nouveau bienheureux Jacques Clément.

» — Je me garde d'approuver ce qu'il a fait, et suis d'avis que le ciel s'en garde tout de même ; car, pour signe de la colère céleste, le bateau qui par la Seine menait à Paris les cendres du meurtrier d'Henri troisième, s'abîma dans les flots parmi un grand tumulte de tonnerre et d'éclairs.

» — Ah! madame, reprit-il, j'en veux à votre sexe qui m'empêche de vous adresser un cartel.

» — Ma Gabrielle, dit Zamet, je vous prie d'éviter tels propos; les Seize châtient aussi lesda mes Politiques. »

Je compris qu'il parlait de la sorte pour contenter du Tremblay. Celui-ci tirant de son giron une croix de Lorraine, l'offrit aux enfants, qui la prirent sur un signe de leur père; mais ni l'un ni l'autre ne la voulurent vêtir.

La victoire d'Ivry me chatouillait au fond du cœur à cause de mon ami Bellegarde, qui certainement s'était signalé entre tous; et je m'efforçai de l'aimer davantage. Quant au chevalier d'Aumale, il s'en revint plus triste qu'il n'était parti, et je ne pus m'empêcher de rire à son air contrit et à sa grosse rougeur.

« Comment, fis-je comme étonnée, déjà vous de retour ici, monsieur le chevalier?

» — Ne riez de cela, madame; monsieur mon

frère le duc d'Aumale et moi-même souhaiterions ne pas survivre à ce désastre.

» — Vous me vouliez convertir au parti de la Ligue, laissez-moi vous attirer au parti du roi.

» — Oh! non, jamais, madame, nul accord ne peut exister entre Lorraine et Bourbon, entre la véritable religion et l'hérésie.

» — Hé bien, monsieur le chevalier, une bataille perdue, est-ce une chose irréparable à de braves guerriers?

» — Ah! madame, n'est-ce rien que la perte d'une belle armée de seize mille hommes dont il reste à peine un quart presque hors de service?

» — Alors que tardez-vous à vous rendre au roi?

» — Avant d'être réduit à cette extrémité, nous périrons tous sous les murs de Paris! »

Périnet, à ce moment, passa par la galerie où se faisait cet entretien. Sitôt qu'il l'aperçut, M. d'Aumale mit la main aux gardes de son épée.

« Prophète de misères, dit-il, viens-tu pas te faire payer de tes sorts ?

» — Monsieur, m'écriai-je de peur, ne lui veuillez aucun mal ; c'est un de mes plus loyaux serviteurs.

» — Après moi, belle dame ; à votre requête je lui fais grâce de la vie.

» — Monsieur d'Aumale, répondit Périnet, vous avez même obligation à M. de Bellegarde.

» — Par la damnation éternelle ! qui t'a rapporté cela ?

» — N'est-il pas vrai ? Le reste est mon secret.

» — Oui, certes, je le proclame. M. de Bellegarde, qui, je crois, me connaît par vos lettres, m'a sauvé du péril le plus urgent.

» — Dites-nous ce qui tant nous intéresse, interrompis-je.

» — Ce pendant que nos lansquenets se débandaient, MM. de Sigogne, de Chanteloup, d'Anfreville et moi tentions de rétablir le combat. Sigogne agitait dans l'air la cornette blanche à fleurs-de-lis noires du régiment de Mayenne. Je chargeais le pistolet au poing contre un gros de royalistes ayant en tête un gentilhomme de grande bravoure. Tout-à-coup des cris de *sauve qui peut!* mirent le comble au désordre, et le peu des nôtres qui nous secondaient s'enfuirent lâchement. Mes compagnons coururent sus pour les faire rétrograder, et je demeurai seul au milieu de mes ennemis.

« Holà! cria le capitaine royaliste que son heaume baissé ne me laissait reconnaître, tirez de ce côté à la poursuite des fuyards, et pendant ce temps je combattrai ce gentilhomme seul contre seul. » Je me trouvai par bonheur délivré de la crainte d'être pris ou tué; et prenant du champ, serrant mon épée, je m'allais lancer contre mon sauveur, qui me fit signe de l'attendre, et me dit de loin :

« Monsieur le chevalier d'Aumale, vous n'avez plus rien à faire ici; la bataille est gagnée au roi: ainsi piquez des deux si vous ne voulez être prisonnier.

» — Sang de ligueur! répondis-je, vous

appréhendez donc un duel à armes égales?

» — Tant s'en faut! monsieur d'Aumale, et quand il vous agréera nous prendrons un jour et un lieu pour jouter à qui l'emportera; mais ailleurs, vive Dieu! Ce serait dommage qu'un si valeureux jeune homme fût pendu!

» — Vous m'insultez, monsieur.

» — Ayez souvenance que M. Maillé-Bennehard, gouverneur du château de Vendôme, n'a pas fini autrement.

» — Et qui donc êtes-vous, pour m'oser parler de la sorte?

» — Roger de Saint-Larry, duc de Bellegarde, qui n'ai pas le choix de vous prendre à rançon.

» — Votre main, monsieur de Bellegarde.

» — Volontiers, car je vous estime grandement; et si vous allez à Paris de ce pas, voyez de ma part mademoiselle d'Estrées, pour lui annoncer l'issue de cette journée. »

» Une bande de lansquenets du roi venait à nous; je saluai M. de Bellegarde avec serment d'immortelle reconnaissance, et j'éperonnai mon cheval jusqu'à me joindre à MM. de La Chataigneraie, de Sigogne, de Chanteloup, d'Anfreville, de Nemours et de Fremont, qui battaient en retraite.

« Vous allez d'un bien petit pas, leur dis-je, il ne faudrait guère que quatorze manants pour nous tailler des croupières.

» —Ces pauvres chevaux, quasi aussi las que leurs maîtres, reprit Chanteloup, ne nous mèneront pas au bout du monde.

» —Si nous pouvions, dit Sigogne, atteindre la ville de Mantes, je serais content d'avoir sauvé ma cornette.

» —J'ai grande envie, dit d'Anfreville, de me précipiter dans l'Eure à la nage.

» —Pour être noyé comme tant d'autres, reprit le duc de Nemours. Vaille que vaille, il faut s'échapper de la tuerie, car on ne rançonne pas des gens tels que nous.

» — Au fin premier goujat qui paraîtra, je rendrai mon épée, dit La Châtaigneraie.

» —Qui vive? » cria M. de Fremont.

» C'était un de l'armée royale; mais sans casque,

sans armes, blessé en plusieurs endroits, et monté sur un bidet digne de porter la farine au moulin.

« Eh! messieurs, dit-il, je suis Maximilien de Béthune, premier du nom, marquis de Rosny, veuillez m'accepter à rançon.

» — Nous vous dresserons la même requête, dit La Châtaigneraie en s'avançant pour rendre son épée.

» — Plaisantez-vous, messieurs? bien armés et bien montés, reprit M. de Rosny, de vous rendre à un homme désarmé, couvert du sang de ses blessures, et monté sur un si méchant bidet! Tout ceci me semble une illusion.

» —Obligez-nous à ce point de nous sauver la vie, dit La Châtaigneraie, nous sommes joyeux de votre rencontre, et en voulons profiter.

» —Pour vous faire plaisir, reprit M. de Rosny, et pour la singularité du fait, je vous obéis. »

» A l'exemple de La Châtaigneraie, Sigogne

avec sa cornette, Chanteloup et d'Aufreville donnèrent leurs épées à M. de Rosny, qui vainement les pria de s'en charger. Le duc de Nemours, Fremont et moi, leur dîmes adieu en soupirant, recommandant à M. de Rosny de ne les pas abandonner, et nous les quittâmes à toute bride, pour ne pas attendre un parti de victorieux qui venait droit à nous. En vérité, c'est la première fois que j'aie fui, et ce sera la dernière. »

Cependant comme le roi avec son armée grossie par sa victoire, s'avançait vers Paris, le duc de Mayenne, retiré à Saint-Denis, ne savait quel saint intercéder pour arrêter la marche conquérante du Béarnais. Le légat, l'ambassadeur d'Espagne, l'archevêque de Lyon, non moins embarrassés, allèrent se concerter avec lui sur le parti à prendre et sur le moyen d'avoir une autre armée. Des courriers furent à la fois envoyés à Rome, en Espagne et aux Pays-Bas, pour quérir des secours en troupes et en argent ; et pour amuser le roi, on feignit d'entamer des négociations. On fit choix d'abord

de Zamet pour ces belles ruses; mais il s'en exempta pour des raisons imaginaires de santé dont on fit semblant de s'accommoder; les haines qu'il s'attira en cette occasion par sa noble façon d'agir faillirent lui jouer un tour; l'amitié de M. de Mayenne fut sa sauvegarde.
« Par l'immaculée Conception ! dit-il revenant des conférences de Saint-Denis, pour ce qui est de la paix, je suis prêt à m'en mêler; mais je ne m'emploierai pas à faire durer la guerre. » Je l'applaudis de penser si généreusement; et cette mission n'était guère honnête, que M. de Villeroi y travailla sans savoir, je pense, quel rôle on lui faisait jouer. Le roi ne fut pas dupe de ces menées, et continua de marcher sur Paris, conquêtant les villes qui se trouvaient à sa convenance, Mantes, Corbeil, Lagny, Provins, Bray, Montereau-Faut-Yonne, Melun. Il fit répondre à M. de Villeroi que tout accord serait inutile si Paris n'ouvrait d'abord ses portes en se remettant du reste à sa clémence. Durant ces pourparlers il prenait ses logements aux environs de Paris, et y disposait son armée

qui était de quatorze mille hommes et de deux mille cinq cents chevaux.

La terreur était grande et muette en la ville, dont M. de Nemours fut nommé commandant; toutefois on avait dans le public des espérances de paix ou de trêve, que les prédicateurs de Mayenne et de l'Espagne avaient soin de renvoyer au jugement dernier. Tous les jours et à toute heure du jour, en face de l'autel et du Saint-Sacrement, des moines, salade en tête et l'épée au côté, juraient et blasphémaient contre le Béarnais, lui prophétisant le destin d'Henri de Valois, et le damnant d'avance à cent millions de diables. Puis des textes de la Bible pleins de sang et de meurtres, des explications impies du saint évangile, des cris de mort et de malédiction. Femmes et enfants se nourrissaient de ces viandes empoisonnées, et de là couraient aux alentours du Palais, où se débitaient les nouvelles. Quant aux honnêtes gens, plus timides quoique plus nombreux, ils ne cessaient de gémir et de prier le bon Dieu; mais dans un profond mystère; car la pensée même de se rendre au roi de Navarre était punie de mort, et je ne dirai pas tout ceux qui furent pendus sans plus de droit ni de justice. En ces anxiétés j'étais fort en peine de me décider à rien.

Le vingtième d'avril, ma tante de Sourdis me visita pour m'engager à sortir de Paris en temps que la chose était possible. Elle avait reçu de son époux une lettre où elle était sommée de ce faire avant que la ville fût bloquée et affamée de toutes parts.

« L'embarras, lui dis-je, est de savoir où se retirer?

» —Vraiment, dit-elle, nous nous rendrons d'ici au château de Cœuvres, pour voir quand finira la guerre.

» — Oui, mais M. de Bellegarde m'écrit que des bandes ligueuses tiennent le pays autour de Cœuvres; voulez-vous pas nous jeter dans ces brigands, qui ne se contenteront de nous piller?

» — Alors, allons d'ici au camp du roi.

» — Fi! c'est affaire à des femmes sans vergogne, de séjourner parmi les lansquenets.

» —Ou plutôt venons à l'abbaye de Beaumont à Tours, où est élevée ma fille Madeleine par sa grand'tante.

» — Bon ! je n'ai nulle fantaisie de me mettre en religion.

» —Que ne partons-nous pour mon château de Sourdis ?

» — Vous oubliez qu'il fut mis à sac l'an passé par les ligueurs.

» — En ce cas, ma fille, restez, je ne vous en empêche aucunement; mais je me lave les mains de votre imprudence, et vous recommande à votre patron l'ange Gabriel. »

J'eus regret de la laisser partir seule, et le lendemain j'appris que, malgré l'ordre qui défendait à tout habitant de s'éloigner, elle avait passé la porte Saint-Victor, sous les habits d'un moine cordelier. Bien lui prit de ne pas tomber au pouvoir de son ordre. Elle parvint saine et sauve au camp du roi, où M. d'Escoubleau, son mari, fut bien aise de sa venue. Pour moi, tout inquiète de l'avenir, je me plaignais de n'être pas dehors avec madame ma tante ; M. d'Aumale, à qui je confiai mes inquiétudes, les voulut calmer par cette raison :

« Pour vous témoigner que la prise, voire même le blocus de Paris est peu à craindre, M. de Mayenne ne se soucie de faire sortir mesdames sa mère, sa femme, sa sœur et ses enfants.

» —Monsieur d'Aumale, dit Périnet qui était là aux écoutes, voyez-vous ce gros nuage devers Charenton ?

» —Je le vois, et ne m'en tarabuste l'entendement.

» — Oui dà ! Mais en combien de temps croyez-vous qu'il puisse venir à nous ?

» — C'est selon le vent.

» — Ainsi est du roi que vous appelez le Béarnais. »

Périnet n'en voulut dire une parole de plus, et nous quittâmes la place à son astrologie.

« Mon ami, lui dit M. d'Aumale, cette nuit, en devisant avec les astres, pense à t'entendre le premier.

»— Monsieur d'Aumale, reprit-il, gardez-vous des rats! »

Je me souvins de cette étrange prédiction quand M. le chevalier d'Aumale tué dans l'entreprise de Saint-Denis, son corps fut dévoré par les rats. Périnet n'était ni charlatan ni insensé.

Le vingt-cinquième le roi se saisit des ponts de Saint-Maur et de Charenton, emporta les forts, et pendit ceux qui étaient dedans. Cette punition ne dit rien de bon aux ligueurs de Paris. Le siége commença, et la famine suivit. « Ah! monsieur d'Aumale, dis-je, vos avis n'étaient point les meilleurs; vous voilà bien joyeux de m'avoir retenue en cette enceinte parmi tant de dangers, dont le moindre est de mourir de faim! »

CHAPITRE IV.

Joie de Zamet. — Gabrielle se décide à ne pas sortir de Paris. — Prophétie. — Lanoue *Bras-de-Fer*. — *Souvenez-vous de moi*. — Autre prophétie de Périnet. — Blocus de Paris. — Précautions du duc de Mayenne. — Mort du roi Charles X. — M. de Nemours. — Fonte de canons. — Fortifications. — La tour de Babel. — Naïveté du jésuite Commelet. — Bouffonneries d'Engoulevent. — Source de ces détails. — Conseil chez le duc de Nemours. — Détermination de Zamet. — Dénombrement des habitants et des vivres. — Les boulangers. — Une expédition du chevalier d'Aumale. — Promesse d'un baiser. — Retour. — Le trophée. — Sacrilége. — L'abbaye Saint-Antoine. — Dévouement de Du Tremblay. — Explosion. — Pillage. — Le prix du brave. — Ce qui rend invincible. — Commencement de la disette. — Leurres du duc de Mayenne. — Les chances. — La revue. — Les carrosses. — Description de la revue monacale. — Rose, évêque de Senlis. — Hamilton, curé de Saint-Côme; le petit Feuillant. — Les jeûnes dans les couvents. — Une arquebusade. — Ses tristes effets. — Le compère Moret et les mécontents. — Justice ligueuse. — Sortie des assiégés. — Promenade à la porte de Nesles. — Les bourgeois en sac. — La Ligue et Louis XI. — Le procureur Regnard. — Détresse des pauvres. — Arrêt de mort contre la paix. — Courage de M. d'Aumale. — Sa complaisance. — Canonnades. — Les conseillers de Henri IV. — La bouillie. — L'argent et le pain. — Assemblée des ecclésiastiques. — Visite de leurs maisons. — Le père Tirius, recteur des jésuites. — Vœu de pauvreté. — La Chapelle-Marteau, Bussy-Leclerc et Zamet. — Achat du silence. — Les chats et les chiens. — Générosité aux dépens de Dieu.

Depuis que le siége était planté devant Paris,

Zamet, malgré la publique désolation, paraissait gai et content comme je ne l'avais jamais vu du temps de la Ligue; ce qui me certifiait qu'il ne se fâchait pas des conquêtes du roi. Cependant ébahie de ses rires et de sa joie quand tout le monde pleurait en la ville, je lui demandai s'il avait fait quelque riche héritage.

« Non, ma mie, dit-il, ce ne serait pas là un sujet de tant de satisfaction.

» — Quel autre sujet ? répondis-je.

» — Ne me décèle pas, autrement je courrais risque de la corde.

» — Bon si M. Du Tremblay le sût, et qu'il intéressât sa maudite sainte Union ?

» — Ma fille, je me réjouis si fort parceque la ville ne peut tenir plus d'un mois sans entrer en composition.

» — Oui, mais en un mois nous avons trente jours pleins pour mourir de faim ou d'un coup de canon.

» — Quant à ce qui est de la faim, ne t'en épouvante ; j'ai prévu cet inconvénient comme ont fait les bons ligueurs, les couvents et madame de Montpensier, qui doit servir d'exemple de patience et de fermeté.

» — J'allais vous solliciter de m'avoir un passeport de M. le gouverneur.

» — Je le veux bien ; mais le plus sûr pour vous est de séjourner ici ; car les alentours de Paris sont infestés de voleurs, pillards, ligueurs et royalistes.

» — Il est trop vrai ; toutefois un péril réel doit être plus à craindre qu'un péril douteux.

» — Ensuite, ma mie, en vidant ces lieux vous me laisserez en butte aux méchants, qui me chercheront noise à cause de votre fuite.

» — Il suffit ; je demeure, et me fais ligueuse jusqu'à la reddition de Paris.

» — Ce serait trop long-temps attendre, madame, dit Périnet qui n'avait garde d'omettre un bon mot.

» — Enfant, reprit Zamet, tu veux dire par là que Temps semble sans ailes pour qui attend.

» — Ne voyez-vous pas, dis-je, que c'est un

oracle ? Mon gentil Périnet voit clair dans le livre des destins.

» — Cependant, dit encore Zamet, s'il s'agit de la fin du siége, il se trompe de l'ajourner à plus d'un mois.

» — Je souhaite qu'il se trompe, répondis-je, mais il faudrait que les astres se trompassent ; ce qui n'est pas en leur nature. »

Je ne recevais nouvelles ni lettres de M. de Bellegarde, à mon grand déplaisir. « Voilà qu'il ne m'aime plus, pensais-je à part moi, et son roi de Navarre l'aura débauché avec quelque fille d'auberge. » Je me mis alors à détester ledit roi de toutes mes forces, et par ennui à me lier davantage au chevalier d'Aumale, qui ne se tenait pas de joie.

Il faisait des miracles de courage ; par ainsi que les dames estiment volontiers les gens d'armes les plus vaillants, il aurait donné sa vie pour être mieux distingué par moi. Les royalistes ayant attaqué le faubourg Saint-Martin sous la conduite du brave Lanoue, dit *Bras-de-Fer* à cause de celui qu'il s'était fait mettre, et pour cela n'en combattait pas moins hardiment; M. d'Aumale repoussa l'ennemi avec grand avantage, et blessa M. Lanoue d'une mousquetade à la cuisse.

« C'est afin, dit-il, que ce capitaine puisse changer cette mauvaise cuisse contre une de fer, et ainsi du reste de son corps. De cette sorte il ne craindra rien en les batailles.

» — La raillerie n'est pas de saison, répondis-je; M. de Lanoue serait tout de fer qu'il n'aurait pas plus d'intrépidité; son bras de fer, croyez-moi, en vaut bien un autre.

» — Plutôt mourir, madame, que de vous déplaire en quelque chose.

» — Comment avance le siége? dit Zamet qui survint.

» — Dites : Comment il recule? Il ne suffirait de cent mille hommes pour prendre la ville d'assaut, et quinze mille qu'a le Béarnais sont loin de compte.

» — C'est mon avis, reprit Zamet; outre que la Bible raconte que le roi Sennachérib assiégeant Jérusalem avec une armée innombrable d'Assyriens, fut frappé en son camp par l'ange exterminateur, tel est le sermon que j'ai ouï prêcher par notre maître Florat-Christin.

» — Le Navarrois, dit M. d'Aumale, sera peut-être puni de ses péchés d'autre sorte. Il a, ce dit-on, avec ses principaux gentilshommes, souillé l'abbaye des religieuses de Montmartre.

» — Où est le mal? dis-je.

» — Dieu fasse qu'il ne le prenne, reprit le chevalier. Ces religieuses, aussi bien que celles de Longchamps, ont mauvaise renommée; et je sais un de mes amis qui a gagné un *souvenez-vous de moi* en un couvent.

» — On croirait que ce fut vous, dis-je, à l'air dont vous traitez ces pauvres filles.

» — Je ne le plaindrais, persévérait à dire M. d'Aumale : sa paillardise ne mérite pas moins.

» — Ce que je souhaite, repris-je, c'est que M. de Bellegarde n'aille pas se gâter en cette abbaye.

» — Je le saurais, madame, dit M. d'Aumale,

que je n'en soufflerais mot, car M. de Bellegarde m'a obligé de la vie.

» — A cette heure, s'écria Périnet en riant, la royauté subit les misères de l'humanité.

» — Est-ce à Montmartre ou à Longchamps, s'enquit le chevalier, qu'une vierge du Seigneur lui pourra dire en lui faisant la figue : « Souvenez-vous de moi !

» — A Vernon, répondit Périnet avec assurance. »

A peu de jours de là on nous dit que dame Catherine de Verdun, religieuse de Longchamps, belle comme un ange, et âgée de vingt-deux ans, avait été nommée par le roi abbesse de Saint-Louis de Vernon. L'année ne se passa point qu'on n'ajoutât autre chose qui ne fut pas à l'honneur de l'abbesse de Vernon.

Cependant le roi, bien déterminé à ne point répandre de sang et à forcer Paris par la disette, se contentait de fermer tous les passages par où les vivres arrivaient en bateau ou en charroi le jour et la nuit. Ses partis parcouraient les environs pour arrêter tous les convois. Il avait brûlé les moulins et placé des canons à Montmartre et à Montfaucon pour épouvanter les Parisiens. Quant à lui, comme Bellegarde me le fit savoir par une lettre que je rapporterai ci-après, il fréquentait si assiduement l'abbaye de Montmartre, que le bruit vint parmi la ville qu'il se faisait instruire par l'abbesse en la religion catholique et romaine. Je laisse à penser comment cela. On en était là du siége et de la défense, quand on fut averti de la maladie du cardinal de Bourbon, Charles X, roi de la sainte Union. M. de Mayenne, qui avait fort à faire de rassembler une armée en Picardie, dans l'attente des secours d'Espagne, appréhenda de voir sa lieutenance-générale du royaume s'enterrer avec le pauvre fantôme de roi Charles X, qui, par cause de sa rétention d'urine, avait une fièvre continue. Vite il écrivit à ses amis de Paris, desquels était Zamet, aussi des prédicateurs et des Sorbonniens, de dresser en toute hâte de belles questions théologales pour déclarer exclus du trône le roi de Navarre, quand bien même il se rendrait catholique; ce qui fut fait par de savants docteurs avant la nouvelle de la mort de Charles X, à laquelle nul ne prit garde ou intérêt. Je ne jurerais pas qu'on lui ait dit plus de dix messes; il n'en est pas moins en paradis, le digne homme, qui aimait moult tendrement le roi son neveu, comme lui-même l'appelait.

Le gouverneur, M. de Nemours, ne s'endormait pas, et d'habiles gens de guerre m'ont dit que dans ce siége il s'acquit une gloire non contestée tant par sa vigilance que par sa persévérance; de fait il donna l'exemple aux plus petits. On n'a pas tort aussi de soutenir que les prédicateurs espagnolisés défendirent mieux la ville avec des sermons que les autres avec toutes armes; car, pour gagner des doublons, ils faisaient Dieu complice de leurs indignités, comme j'ai dit. Quant à ce qui est de M. de Nemours, qui avait quelque peu du sang des Guise mêlé au sien, il n'avait d'autre ambition que le triomphe de la Ligue, et M. le chevalier d'Aumale le seconda très héroïquement.

L'artillerie était en bien pauvre état, et à

peine un canon pouvait tirer. M. de Nemours fit tant par ses deniers et ses sollicitations, que bientôt soixante canons et coulevrines nouvellement fondus purent jouer sur les remparts. Ces murailles mi démantelées livraient vingt passages aux assiégeants. A jour dit, le onzième de mai, par ordre de M. de Nemours, qui ne s'épargnait pas le travail, les Parisiens de tous rangs et de tous âges furent requis pour fortifier la ville, réparer les brèches, nettoyer les fossés, terrasser plusieurs des portes, enfin tout faire pour la durée du siége. D'abord c'était une espèce de tour de Babel ou de la confusion des langues. Bourgeois, métiers, manants, soldats, enfants, gueux, femmes, filles, et généralement toutes gens inhabiles à ces gros ouvrages, n'avançaient à rien. L'un demandait de la chaux, l'autre des pierres, et le désordre allait croissant. Mais dès le second jour tout alla par compas et dans le meilleur ordre possible. Les seigneurs, les dames, furent envoyés aux remparts pour animer cette laborieuse multitude. M. d'Aumale m'y voulut mener, m'assurant cette fois qu'il n'y avait pas d'arquebusade à redouter. J'admirai l'empressement et l'ardeur des Parisiens, et comme firent mesdames de Nemours et de Montpensier là présentes, je leur jetai quelques pièces d'or que ramassaient les plus nécessiteux. Cependant que ces braves gens suaient et haletaient à la peine, des prédicateurs, crucifix au poing et la parole à la bouche, excitaient les travailleurs à ne pas arrêter. « Ces murailles, disait entre autres Jacques Commelet, jésuite, seraient au besoin métamorphosées en airain par le Seigneur Dieu, qui eut la puissance de montrer Daniel sain et sauf dans la fournaise. Néanmoins, mes très chers frères en la sainte Union, plus ces retranchements seront inexpugnables, mieux vaudra pour notre salut ici-bas. De l'autre, ne vous inquiétez point ; vous l'aurez sans faute. » Je reconnus sur un tas de grès maître Engoulevent, bouffon de la Ligue, qui faisait de grands bras et disait fort ridiculement : « Vous surtout qui avez femmes ou filles nubiles, je vous conseille de craindre le Béarnais, qui, s'il était roi, ne ferait sa suffisance de toutes les dames et demoiselles de France, car il a plus d'appétit que le roi Salomon, lequel devenant vieux se contentait d'avoir sept cents femmes, sans compter les concubines. La preuve en est qu'il est plus qu'huguenot, plus que juif, c'est-à-dire moins qu'un chien, d'autant qu'il adore les démons comme le feu roi Henri troisième faisait en son repaire du bois de Vincennes. Travaillez ci, travaillez là; le bon Dieu assiste au milieu de vous, et vous rend la tâche moins rude. Vous êtes comme les ouvriers de la vigne dans l'Évangile : les derniers venus auront même paie que les premiers arrivés, j'entends la vie éternelle. Je vous jure que ces visages de pierre forceraient le Béarnais à la continence, s'il n'était de femmes que par-delà; mais il a déjà fait de l'abbaye de Montmartre une autre Sodome ou Gomorrhe. Dieu n'aurait-il de reste en ses arsenaux une petite pluie de feu pour éteindre la guerre! » Je ne me souviendrais pas de ces bouffonneries si je ne les avais écrites à Bellegarde pour l'amuser, ainsi que le récit journalier du siége. Ces lettres, qui me furent rendues par Bellegarde avec nombre d'autres lors de notre désaccord, ne seraient pas bonnes à rapporter du commencement à la fin; mais j'en tirerai mot à mot les détails du siége, qui sont moult remarquables.

Le treizième, Zamet, au sortir d'un conseil tenu chez M. de Nemours, auquel délibérèrent le légat, l'ambassadeur d'Espagne, le cardinal de Gondi, plusieurs des principaux évêques et du parlement, revint plus joyeux que de coutume.

« Sainte madone, dit-il, nos affaires sont en bon train. Voici qu'une part des soldats étrangers se retirent faute d'être payés.

» — Pensez-vous, répondis-je, qu'on leur ouvre la porte? et puisque la religion fait cause commune avec la Ligue, n'est-il plus de vases d'or et d'argent dans les églises?

» — Tu vois plus clair que moi, ma fille; cependant messieurs les évêques n'ont point encore avisé cet expédient, car ils nous font rendre gorge de bonne volonté.

» —Et vous, dont la grosse fortune est sue de tous, serez-vous exempt de délier votre bourse?

» —Plaise à Dieu ! mais sous peine d'être pris pour Politique, j'ai réduit de moitié l'impôt que ces ligueurs espagnolisés me taxaient, comme si j'eusse en coffre les mines d'or du Pérou. Cela ne peut durer, car, après tout, s'ils peuvent changer en or ce qu'ils touchent, ils ne le changeront en pain.

» — Vos caves et greniers sont bien remplis, et la famine de six mois n'en approchera ; mais d'aventure si vous étiez trahi, le menu peuple pillerait votre hôtel sans laisser une miette de pain ou biscuit.

» — En ce cas, par représailles, je livrerais la ville aux royalistes ; car, au demeurant, je suis neutre, et n'entends pas être affligé par cette sainte Union, que le diable puisse emporter!»

Le lendemain se termina l'enquête faite en chaque maison par les gens du prévôt des marchands, pour faire le dénombrement de la population et la recherche des provisions, blé, vin, avoine, légumes et autres aliments. Chacun, parmi les bourgeois, avait fait de son mieux pour cacher quelque chose à tout évènement; les plus prudents se précautionnèrent d'abord de vivres pour long-temps; de là l'énormité de la disette; Zamet, en son hôtel, bien qu'il affectât des craintes qu'il n'avait point, célait de beaux amas de grain qui ne furent épuisés durant le siége. M. La Chapelle-Marteau se rendit avec ses échevins au conseil, où il déclara que le nombre des habitants était de deux cent quarante mille, ayant de quoi les nourrir pour cinq semaines. On choisit dans les différents quartiers, sous l'inspection des échevins, plusieurs boulangers qui recevaient de la farine moyennant quatre écus le setier, à charge de cuire et de vendre du pain aux pauvres. En ce misérable temps tous les métiers regrettèrent de n'être pas boulangers; car ceux-ci non seulement vécurent, mais encore s'enrichirent.

Le quatorzième, de grand matin, M. le chevalier d'Aumale, armé de pied en cap, s'offrit à ma vue.

« Bon Dieu ! lui dis-je, les royalistes sont-ils dedans Paris, que vous venez chez les dames en cet accoutrement militaire ?

» — Par la double croix de Lorraine ! madame, s'il en fût ainsi je serais mort auparavant, et encore leur faudrait-il fouler mon corps aux pieds.

» — Mais qui vous a mis en humeur de me visiter à cette heure indue et vêtu de fer comme vous voilà ?

» — Ma chère dame, je m'en vais tenter une sortie par la porte Saint-Antoine, et j'aurai plus de cœur en vous quittant.

» — Il serait beau qu'une royaliste comme moi fît des vœux pour la défaite du roi !

» — Je souhaite que vous soyez ligueuse quelque jour, et de ce m'en rapporte à la grâce de Jésus-Christ.

» — Tout ce que je puis, c'est de ne pas vouloir votre désastre.

» — Or donc, en cas que je ne revienne

plus, permettez que je vous baise en signe d'a-dieu.

» — Nenni, mais au retour, à condition que vous m'apporterez quelque trophée. »

Il pensa, de la joie qu'il eut, devenir affolé, et je lui eusse demandé la couronne et le sceptre du roi, qu'il n'aurait pas hésité à les promettre. Il s'éloignait lorsque le joignit M. du Tremblay, mal guéri de ses blessures, boiteux, et plus pâle que n'est un mort. M. d'Aumale le voulut dissuader d'aller au combat; je l'en priai pareillement; Zamet vint exprès dans l'idée de le retenir. M. du Tremblay persista en sa fantaisie insensée, jurant Dieu et la sainte Union qu'il vendrait cher les dernières gouttes de son sang. Ce jour-là, si je n'avais eu pour m'occuper une lettre de Bellegarde, j'aurais trop pensé à M. d'Aumale pour ne le pas aimer.

Ce brave chevalier ne revint qu'à la nuit fermée dans Paris, et aussitôt, sans se désarmer, il me vint donner de ses nouvelles. Il tenait en ses bras, et courbé sous le poids, un objet enveloppé d'un linge maculé de sang.

« Ah! dis-je, on croirait voir Judith portant le chef d'Holopherne sous sa robe.

» — N'ayez peur; ce sang dont je suis souillé sort d'une légère blessure...

» — Quoi donc! vous ne vous faites pas soigner?

» — Excusez la pauvreté de ce trophée; une autre fois je vous donnerai mieux. »

Il dénoua le linge, qui me parut semblable à une nappe d'autel, et tira deux aiguières de vermeil ciselées merveilleusement, aussi deux chandeliers d'argent à figures d'anges, et d'un travail précieux.

« Vraiment! m'écriai-je en admiration, il y aurait de quoi orner un maître-autel.

» — Oui, mais ils auront un meilleur usage en votre chambre.

» — Ce n'est pas certes en un temple protestant que vous avez pillé cette belle argenterie?

» — Non, sur ma parole, ma chère dame, mais en la chapelle de l'abbaye Saint-Antoine.

» — Par mon salut éternel! avez-vous bien commis ce sacrilége?

» —J'avais, pour vrai, une sorte de remords ; mais venant à songer à vous, je n'ai plus songé à rien.

» — Imprudent ! ne craignez-vous que la terre fonde sous nos pieds, ou que la foudre nous réduise en charbon ?

» — Non pas ; ceci est ma part du butin. L'abbaye Saint-Antoine, forcée et pillée par mes lansquenets...

» — Hélas ! cette belle abbaye n'a pas été respectée ! Je vous plains de ce péché mortel.

» — Voici comment un grand mal est dérivé d'un grand bien. Les royalistes, logés autour et dedans l'abbaye, nous faisaient un voisinage fort incommode. Je fus envoyé pour les chasser de là, ce qui n'était pas peu de soin. Ce matin donc, menant douze cents gendarmes des plus vaillants et des mieux montés que nous ayons, nous allâmes à petit bruit le long des fossés sans voir aucun assiégeant. A quelque cent pas de l'abbaye mes gens se saisirent d'un lansquenet du roi de Navarre, ivre et dormant par le chemin. Ceux de sa nation l'interrogèrent si véhémentement, qu'il eut peur d'être pendu au premier arbre, et dit que le roi avait passé la nuit à l'abbaye, où il avait parmi les religieuses matière à se réjouir. Sur ce on me l'amena, et je sus de bonne part qu'à cette heure matinale le Béarnais n'était pas levé de chez sa nonnain; qu'en faisant diligence on le pourrait surprendre au lit, et que l'abbaye manquait de gardes comme de munitions de siége. Ce qu'entendant, je songeai à me rendre maître de l'abbaye et du roi.

«Monsieur d'Aumale, me dit M. du Tremblay, donnez-moi licence d'aviser à l'attaque; je m'en vais vêtir les hardes de ce lansquenet, et j'entrerai en l'abbaye, où ma besogne sera promptement faite.

» — Croyez-vous, lui répondis-je, que je veuille exposer un si bon ligueur à être pris comme traître espion?

» — Par le serment de l'Union! ils ne prendront autre chose qu'un corps mort.

» — Mais, dites, un de nos goujats ne peut-il reconnaître les lieux, sans qu'il soit besoin de mettre en péril un bon capitaine ?

» — Oh ! qu'un goujat n'aurait pas le cœur et la main à ce que je vais tenter.

» — Qu'est-ce donc ?

» — C'est en l'abbaye que les royalistes ont déposé toutes leurs poudres.

» — Merci Dieu ! l'arsenal en est bien approvisionné.

» — L'occasion est propice pour achever d'un coup le siége et la guerre.

» — Monsieur du Tremblay, pour Dieu ! n'en faites rien.

» — Demeurez à distance, car peut-être les membres rompus du Béarnais voleront jusqu'à Paris. »

« Il était si bien ancré en son dessein méritoire, qu'il fit échange de ses armes contre le lansquenet prisonnier, en tira le mot d'ordre ; et m'embrassant par trois fois, me dit : « Monsieur le chevalier, de l'endroit où je me rends le retour est difficile, quasi impossible, donc faites dire des messes pour le repos de mon âme. Je

m'exalte en pensant que je serai un saint ligueur, à l'instar du bienheureux Jacques Clément. » Il s'en alla de force, sachant aller à
une mort certaine. Mes gens se tinrent prêts au
premier signal, qu'on n'attendit guère. Ce fut
un tonnerre effroyable ; une tourelle de l'abbaye sauta en l'air ; mais le Béarnais en était
dehors depuis quelques moments, et l'arsenal
n'était guère fourni de poudre, sans quoi tout
le faubourg eût été ruiné de fond en comble.
Du Tremblay périt dans cette explosion, si que
son corps fut recouvré sans bras ni jambes.
Nous marchâmes en avant pour voir l'effet de
ce grand bruit. Les gardes du Béarnais, étonnés
et se signant, fuyaient, jetant leurs armes. Sans
résistance aucune nous entrâmes parmi les
fortifications, et de là en l'abbaye, où les religieuses furent interrompues dans le temps
qu'elles chantaient l'*Angelus*, et se cachèrent
aux dortoirs. Les lansquenets, comme vous
savez, sont si portés au pillage, qu'ils n'écou-
teraient pas plus le ciel tonner que la voix de
leur chef. En moins de rien l'abbaye fut pillée,

les filles forcées et les tonneaux vidés. Commandements, prières, tambours et trompettes, tout ne servit de rien. Ce que les huguenots n'avaient pas touché fut dérobé par les gens de la Ligue; j'en ai vergogne pour eux. En somme le butin fut considérable. Des religieuses, je ne me réservai que la maîtresse du Béarnais, pour la lui renvoyer intacte, en votre honneur. Ces pièces d'argenterie me sont échues dans le partage, et je n'ai pas eu le plus gros lot. Enfin, madame, je me déclare innocent de ces impiétés; et s'il y a péché de garder le bien des nonnains, je le prends sur mon compte en cette vie comme au purgatoire. Je vous prie, tenez-les de mon amour, quand je devrais ne pas avoir le prix inappréciable que vous m'avez promis, et dont je suis indigne.»

Après cette belle justification, force me fut de plaindre le dévouement de M. du Tremblay, le viol des religieuses et le pillage de l'abbaye; mais après tout, sans penser faire mal, j'acceptai ce riche butin que je conserve en mémoire de feu M. le chevalier d'Aumale. Quant à la promesse faite d'un baiser, j'ai toujours maintenu ma parole, et je n'en fis pas tort au vainqueur, qui à pareil prix aurait volontiers pris et pillé tous les jours des abbayes.

« Ah! me dit-il, de songer que vous m'adjugez telle récompense, ce m'est un garant de vaincre et d'être invincible! Avec ce talisman, comme Hercule, je combattrais hydres et dragons, et m'estimerais encore trop heureux. »

M'est avis qu'il fut tué à l'entreprise sur Saint-Denis, faute de n'avoir pas un baiser de ma bouche à gagner.

Cependant le roi, résolu d'affamer Paris et de l'avoir à composition, laissait les choses aller comme l'eau de la rivière, et croyait avant quelques semaines réduire la ville aux abois. Il ne faisait pas d'assaut, et même pour redoubler la disette ne donnait un coup de main pour s'emparer des faubourgs, comme facile eût été.

« Non, mes enfants, disait-il à ses soldats, la poudre que nous avons nous ne l'emploierons contre Paris, mais quand nous aurons la ville prise, il en sera fait bon usage pour tirer de joyeuses volées ; ne songez non plus à vous vêtir plus chaudement pour l'hiver, les drapiers des Halles ont encore de la marchandise ; seulement je regrette de forcer mes pauvres sujets à manger en guise de viande le cuir de leurs souliers.

» — Sire, répondait M. du Plessis-Mornay, j'ai peur que les prédicateurs bien nourris d'or d'Espagne n'excitent les habitants à souffrir la plus horrible famine, qui commence déjà, ce m'a-t-on dit. »

En effet les pauvres qui vivent au jour la journée de leur petit travail, ne trouvant plus à gagner leur vie, étaient en peine d'avoir du pain qui se payait fort cher. Comme ils murmuraient, disant que sous la domination du roi de Navarre ils auraient argent et pitance, l'ambassadeur d'Espagne leur distribua de menues monnaies qu'il faisait battre au nom du roi Philippe. Cette pécune, qui leur venait aussi à point que la manne céleste aux Hébreux dans le désert, apaisa les plus souffreteux et donna du répit pour attendre le secours que promettait M. de Mayenne, écrivant de Péronne qu'il avait une armée toute dressée et des munitions en abondance.

« Quand donc viendra-t-il ? se demandaient les gens du peuple.

» — Dans un bref délai, répondait-on; encore faut-il le temps de la route. »

Mais le mois de mai finit, celui de juin commença, et rien ne vint, ni M. de Mayenne, ni sa belle armée, ni ses provisions. Dans l'intervalle de ce, MM. de Nemours, de Vitry et d'Aumale tentèrent quelques sorties, dans lesquelles ils eurent l'avantage; mais le trépas de vingt ou trente des assiégeants ne procurait pas une once de pain aux assiégés.

« Par Notre-Dame de Lorrette ! dit Zamet, nos affaires sont en bon train, et Mayenne, qui est de bonne pâte quoiqu'ambitieux, serait sage de faire la paix en temps qu'il lui est possible.

» — Quoi ! repris-je, pensez-vous que la

Ligue espagnolisée consente à recevoir le roi, tout hérétique qu'il est et veut être.

» — S'il ne tient qu'à cela, un catholique est bientôt fait et parfait.

» — Le roi a mis son point d'honneur à garder sa religion.

» — C'est pourquoi, ajouta Périnet, il ne sera pas roi de Paris avant quatre ans.

» — Quatre ans! reprit Zamet; sais-tu que ce n'est pas demain? »

Or je vous demande lequel de nous avait raison.

Le dimanche troisième jour de juin, M. d'Aumale arriva.

« Madame, dit-il, je vous viens inviter au plus singulier spectacle qui fut onc vu, ne vous déplaise.

» — Lequel?

» — Une revue, ordonnée par le conseil; des ecclésiastiques, religieux et écoliers, tous en costume militaire et prêts à en venir aux mains, qui tantôt feront la montre au pont Notre-Dame!

» — Non, sur ma foi! on ne me reprendra plus à ces jeux où les arquebusades ne sont pas épargnées.

» — Mais il ne s'agit pas de poudre ni de fumée.

» — Oui dà! nommez-vous fumée la balle qui me blessa quasi pour toujours? Je vous prie de voir si j'aurais bonne grâce de marcher avec des potences?

» — Rien de cela, seulement des moines en capuchon et la rondache au poing, des écoliers en corselets, des prêtres empistolés; toutes figures plaisantes et joyeuses mascarades.

» — Si les mèches allumées n'en sont pas, je me rends; mais en conscience on a meilleur marché des Politiques que de vos ligueurs maladroits.

» — Je vous mène en un beau carrosse que j'ai fait bâtir à votre intention.

» — Sur ma parole, je serais contente d'essayer de ces carrosses qui surpassent les coches en élégance et commodité.

» — Le mien, que je vous prête et donne,

me payant de ce que vous daignez l'accepter, est fait d'après celui de M. le président Brisson.

» — Oui, mais les petits garçons sont-ils maintenant assez usagés pour ne point suivre par troupes les carrosses avec des pierres, de la boue et des huées?

» — Je voudrais qu'un seul fût hardi jusqu'à cette insulte, je le ferais écraser par les roues et les pieds des chevaux. »

L'idée d'aller en carrosse, qui était encore une invention bien rare dans Paris, m'engagea surtout à voir la revue; et de fait ce carrosse, richement peint et tapissé en dedans, me semblait d'autant plus admirable qu'il devenait mon bien. Depuis lors les carrosses ne sont plus si nouveaux que les passants s'arrêtent pour les admirer. Voilà pourquoi je fus touchée vivement du don que me fit M. le chevalier d'Aumale, sans exiger même un baiser que je lui voulus offrir à mon tour par ressentiment de son galant procédé.

Je ne vis jamais plus bizarre chose que cette revue monacale faite pour amuser les badauds, qui à Paris passent l'heure à humer la fumée des viandes devant l'étal d'un rôtisseur, ou bien à regarder les chiens se pelauder. Tous les moines de la ville étaient dessus le pont Notre-Dame, excepté les chanoines réguliers de Sainte-Geneviève et de Saint-Victor, les bénédictins et les célestins, qui eurent vergogne de paraître en cette momerie. Il y avait bien là quinze cents frocs rangés en bon ordre et exécutant des voltes et des manœuvres. La plupart portaient leurs robes retroussées, sans avoir omis cette fois leurs braies et hauts-de-chausses, de sorte que j'entendis ce propos d'une femme bourgeoise : « Les bons religieux sortent de leurs institutions en s'habillant dessous leurs robes, et puisque le mauvais exemple est de tous suivi, je veux changer mon confesseur. » Ce me semble, l'idée n'était guère convenable au temps présent, et cette pénitente craignait moins de mourir d'inanition que de n'avoir pas un confesseur à sa convenance. Il fallait voir ces révérends pères, capuchons abattus, pieds bottés, coiffés de casques et vêtus de cuirasses, de hauberts, de morions, de pétrinals, selon qu'ils avaient pu s'armer. Chacun tenait en main un crucifix et quelque bâton de guerre ; qui des arquebuses à rouelle et à fourchette, qui des pertuisanes et des pistolets, qui des hallebardes et des faux, qui des lances et des broches, qui des épées et des couteaux. Au reste ils ne manquaient pas de dagues, dont aucuns juraient de férir le Béarnais. Puis les tambours, trompettes et instruments guerriers sonnants et résonnants ; puis des *oremus*, bénédictions et psaumes chantés en musique. En tête, plus fier qu'un bedeau, se pavanait M. Rose, évêque de Senlis, commandant et premier capitaine, allant le pas, tant son accoutrement de vieux fer rouillé lui pesait ; ensuite venaient, quatre par quatre, chartreux, feuillants, les quatre ordres mendiants, capucins, minimes ; et par ci, par là, des écoliers en guenilles ; chaque corps conduit par un prieur grave et marchant en mesure. L'Écossais Hamilton, curé de Saint-Côme, l'abord sauvage et rude, armé comme un saint George, faisait l'office de sergent, dirigeant la cérémonie, désignant les hymnes à chanter, marquant les haltes, courant de la tête à la queue pour donner des ordres. Un autre plus comique encore, ce fut frère Bernard, *le petit Feuillant*, se peinant, s'échinant, se donnant grand mal et grands soins, le tout pour rien. Par son air et sa taille il n'était guère plus considérable que les écoliers ; mais d'une voix enrouée il criait sans cesse : « Vive la Ligue ! vive la sainte Union ! Dieu damne le Béarnais ! mort aux Bourbons ! » et mille autres sornettes de même farine. Il portait au bras une escarcelle béante, semblable à un sac de blé, et la tendait en disant : « Or çà ! c'est pour nourrir les pauvres gens ! or çà ! ». Mais l'or n'arrivait pas à cet appel, et les sous pleuvaient comme grêle. Quand il avait bien tracassé avec son aumônière, il prenait à deux mains un large et lourd espadon, duquel il fendait l'air à bons coups, comme s'il eût coupé des têtes ; enfin, boiteux tel que le dieu Vulcain, il se montrait devant et derrière, ce dont beaucoup riaient, mais en cachette, car une multitude, bâillant de faim comme aussi d'ennui, sortie des maisons au bruit de cette revue, se réjouissait de cet inespéré secours envoyé par Dieu et l'église. L'ambassadeur d'Espagne, le duc de Nemours, madame de Montpensier, le légat, seigneurs, gentilshommes et dames, honorèrent de leur présence la montre la plus risible qui ait jamais été.

« Pour Dieu ! dis-je à M. d'Aumale, les arquebusades vont entrer en danse.

»—Non pas, j'imagine, reprit M. d'Aumale : moine connaît son rosaire, soldat son épée, et si messieurs les moines brûlaient des amorces, ce serait le monde à l'envers.

»—Quoi de plus demandez-vous ? voilà-t-il pas une belle armée monacale ?

»—Bonne tant seulement à dépêcher des heures et des pénitences.

»—La famine, d'aventure, ne sera point sentie dans les couvents, où les jeûnes sont de règle.

»—Tout bon chrétien que je sois, j'ai idée

du contraire ; car l'intempérance des moines est vérité d'Évangile.

» —Je vous disais bien, monsieur d'Aumale, qu'ils feraient usage de leurs armes !

» —Par le saint nom de Dieu ! arrêtez-vous ; éteignez vos mèches ! »

Soit qu'ils n'entendirent pas, soit qu'ils ne s'en soucièrent, ces arquebusiers, moines et pourtant novices, tirèrent les uns après les autres, à droite, à gauche, et si malheureusement, qu'il se fit un cri désespéré dans le coche de M. le légat.

« Bon Dieu ! dis-je à M. d'Aumale, je suis heureuse d'en être quitte pour cette fois !

» —Oui, répondit-il ; mais ce cri vient d'une personne blessée.

» —Que ne restaient-ils à leurs affaires ! mieux eût valu de bons moines que de méchants soldats. »

Il en était arrivé ce que je redoutais d'avance. Nous vîmes le monde se ruer autour du coche de M. le légat, où la rumeur était complète. Plus d'une arquebuse sans doute fut chargée à balle, car l'aumônier du légat tomba raide d'un coup dans la poitrine; le prédicateur Panigarole eut son bonnet percé d'outre part, et deux valets porteurs de cierges furent bien maltraités à la face. Ce ne fut pas l'effet d'un malencontreux hasard; mais quelqu'un avait visé à bon endroit. J'eus hâte de quitter la partie à ces tireurs inexperts qui n'entendaient ni à ordre ni à prière, et persévéraient en leurs salves et escopetteries sitôt qu'ils passaient devant le logis d'un seigneur espagnol ou de quelque Seize. Il y eut quantité de vitres brisées, de volets criblés et de gens effrayés. Le légat se crut mort, sans faute, tant qu'il ne fut pas hors de la revue, et fit serment de ne se plus jeter à la gueule des arquebuses. Ce pendant que notre cocher aiguillonnait ses chevaux pour sortir de là plus vite, j'étais presque inanimée dans le fond du carrosse, et M. d'Aumale, qui à ce moment n'eût pas donné un grand merci pour tous les moines là présents, excitait à belle voix cocher et chevaux. Sur ces entrefaites, au coin de la rue Saint-Pol, où se fit un terrible embarras de voitures, de chevaux et de gens, un petit vieillard à rouge trogne, à large panse, dit à demi haut :

« Cep de vigne ! serait-il pas plus sage de vivre content, buvant du meilleur, que de se faire assiéger, affamer et saccager ?

» — Oui, sang de bœuf ! compère Moret, reprit un quidam qui suivait ; nous sommes marchands sans marchandises ; votre cave est à sec ; ma boucherie est garnie seulement de crocs.

» — Par mafi ! dit un autre, les pauvres diables qui enragent de faim auront dans peu de quoi paître en les corps morts qui ne trouvent place au cimetière des Innocents.

» — Or je vous prie de me dire, continua Moret, si toute cette poudre brûlée ne l'eût pas mieux été à l'adresse du roi de Navarre ; et si ce n'est pas pitié de tuer ainsi les siens propres en guise d'ennemis ? »

Ils parlaient encore quand un grand moine qui les écoutait cria : « Sus, sus ! aux Politiques ! » A ce cri, des religieux armés firent diligence, et les bourgeois, honnêtes ligueurs au fond, furent arrêtés comme Politiques et royaux, nonobstant leurs réclamations.

« J'ai grand'peur, me dit M. d'Aumale, que ces insensés ne passent un mauvais quart d'heure.

» — Est-ce un tel crime, s'il vous plaît, de se plaindre?

» — Un crime tellement irrémissible en cet état de siége, que demain ces bourgeois seront pendus pour l'exemple.

» — J'en aurai la fièvre aux talons, et je partirai d'ici, quand il me faudrait tenter l'escalade des murs; car, à coup sûr, pour un mot bon ou mauvais, je n'entends pas être pendue avec des voleurs, des assassins et des juifs.

» — Vous vous moquez, belle dame, et ne pensez à ce que vous dites : avant qu'on touchât à un cheveu de votre tête, on verserait bien du sang, et le mien tout le premier. »

Le lendemain, qui était, je crois, le quatrième de juin, M. le chevalier d'Aumale m'offrit un beau chapelet d'or fin bien ouvragé, qu'il avait pris la veille sur un royaliste occis de sa main dans une sortie qu'il fit, au coup de six heures, du côté de la porte Saint-Antoine, et si heureusement qu'il avait poursuivi les assiégeants jusqu'à Charenton sous le feu des canons du fort. « Hier, me dit-il, je vous avais vue et parlé si long-temps et de si près, que je sentais au cœur une force et une ardeur incomparables. En cette émotion j'aurais, comme les Titans, dressé la guerre contre le ciel. » M. d'Aumale, qui tant et tant m'aimait, pourchassant des moments d'entretien seul à seule, me pria de venir en carrosse visiter les abords de la porte de Nesles en forme de promenade, d'autant que ces côtés-là étaient libres d'ennemis, et fort peu troublés du bruit des combats. Depuis le blocus l'air me semblait plus rare et plus épais, et le toit des maisons m'étouffait de tout son poids : imagination pure, j'en conviens. J'acceptai de bonne grâce ce délassement, et le carrosse nous mena où nous voulions aller. La route durant, M. d'Aumale, persistant en son amour, me chatouillait l'oreille de mille propos honnêtes qui pourtant n'étaient pas de sorte à me faire mettre en oubli M. de Bellegarde. Le temps, ce jour-là, n'était ni sombre ni pluvieux comme souvent il est à Paris. Nous descendîmes de carrosse au bord de la rivière pour mieux respirer le bon air qui ventait. Mais tandis que M. d'Aumale me tenait bras dessus bras dessous, me détaillait ses grands martyres du jour, et surtout de la nuit, où par malheur il ne m'avisait plus, ce que j'entendais non sans rire ; voilà que devant la tour de Nesles des cris douloureux nous portèrent à regarder ce que c'était. Des gardes espagnols poussaient au rivage quatre malheureux qui ne semblaient pas à leur aise, tant ils gémissaient, pleuraient et s'efforçaient en répétant : « Grâce ! merci ! »

« Qu'est-ce, demandai-je, que ces gens que l'on moleste ?

» — Par les trois merlettes de Lorraine ! fit-il, je ressens une grosse angoisse d'y penser.

» — Où mène-t-on de force ces bourgeois si dolents qu'on croirait des veaux traînés à la boucherie ?

» —Venons voir ce qui en est et s'il se peut y remédier. »

Nous étant approchés, je discernai les mêmes bourgeois arrêtés le jour précédent à la rue Saint-Pol, et je reconnus celui qu'ils avaient nommé Moret, lequel s'arrachant la barbe et se frappant la poitrine, faisait peine à voir. Un prédicateur, qu'on m'a dit être le Savoyard Jean Quarinus, cordelier, exhortait les patients, qui sitôt qu'ils nous aperçurent redoublèrent de plaintes et de désespoir. Une autre espèce de confesseur, maître Engoulevent, leur tenait des propos bien peu charitables. « Compère Moret, disait-il au marchand de vin, voilà ce qu'on gagne à être bon Politique et franc ivrogne ; mais on s'en va mettre de l'eau en votre vin. Quant à vous, monsieur le boucher, votre corps donnera belle pâture aux poissons. » Les soldats déployèrent de grands sacs d'une forte toile, et en habillèrent les quatre condamnés, qui gloussaient comme des poules auxquelles on a ravi leurs poussins. Le vulgaire n'était pas averti de cette exécution, dont il n'eût pas donné sa part aux chiens ; mais il flaira cet aimable spectacle, et en un instant couvrit les bords de la Seine pour assister à la fête. Sa joie témoignée en clameurs et rires triompha des sourds gémissements qui s'échappaient des sacs.

« C'en est fait, dit M. d'Aumale, toute supplique n'aboutirait à rien de bon pour ces misérables et servirait peut-être à soulever la populace, fort curieuse de ces supplices.

» — Au nom des saints! ces gens infortunés vont périr sans rémission ni délai.

» — Hors d'ici! madame, où vos regards seront contraints de voir de vilaines choses. »

Je faillis entrer en pâmoison, et je hâtai le pas pour reprendre mon carrosse. J'étais si contristée que je n'aurais pu proférer une parole. Tout-à-coup derrière nous s'établit un instant de silence, puis quelque chose tomba dans l'eau, et les cris comme de plus belle. Je me gardai de tourner la tête, et par trois fois ensuite même silence, même bruit et mêmes éclats.

« Ah! disais-je toute marrie, j'ai lu en un vieux livre que le roi Louis XI avait la cruauté inouïe de jeter à l'eau dans des sacs ceux qu'il n'aimait pas.

» — C'était, répondit M. d'Aumale, au bas de la tour de Nesles, comme aujourd'hui.

» — Je fais honte à la Ligue de ressembler au roi Louis XI. »

Toutefois tous n'avaient pareille fin, qui, pour amuser le peuple, n'en était que plus effroyable ; et les jours suivants on pendit en Grève Regnard, procureur au Châtelet, lequel était haï de Bussy-Leclerc. On l'accusa de vouloir trahir la ville, et sans meilleure preuve il fut condamné avec quelques autres de ses complices. « C'est la première fois de ma vie, dit-il la corde au cou, que je paie les frais et les épices du procès. Je lègue mon corps aux oiseaux de proie et à Bussy-Leclerc ; mon âme à Bussy-Leclerc et à son maître Satan. »

Le siége était fort tranquille, n'était qu'au dedans de la ville la famine alongeait les dents des Parisiens, et les vivres avaient duré à peine cinq semaines, sans que le secours proclamé par les lettres de M. de Mayenne eût encore paru. Comme on ne prévoyait pas la cessation du siége, les riches et les gens de précaution cachaient et ménageaient le peu de provisions qu'ils avaient en leurs demeures. Les pauvres et les gueux, dont le nombre est grand à Paris aux quartiers Saint-Jacques et Saint-Marceau, erraient par les rues en bandes, ainsi qu'on voit faire les loups, et ce qu'ils pouvaient devoir à la charité des plus gros partisans ne suffisait à faire taire les abois du ventre. Beaucoup tombaient morts sur le pavé; d'autres, pour en finir, se précipitaient du toit des maisons en bas; et tous les matins les rues, ruelles, places et culs-de-sac étaient jonchés de cadavres qu'on n'avait pas le loisir d'enterrer. Cette misère croissait de jour en jour, et le convoi de vivres que M. de Saint-Pol eut l'insigne fortune de conduire de la Marne au port Saint-Paul fut quasi perdu et inutile, tant les plus riches en disputèrent les bribes à beaux deniers comptants ; rien ne demeura aux nécessiteux. Déjà quelques jours auparavant le petit peuple, soudoyé par les Politiques et pressé par la détresse, s'était attroupé auprès du Palais, sans armes vraiment, mais demandant la paix à cor et à cri. Le duc de Nemours envoya vers ces furieux un gros de soldats, ayant pour chef M. Crucé; aucuns furent pris et châtiés durement. M. le légat ouvrit dans le conseil un avis de défendre, sous peine de vie, aux Parisiens de parler d'aucune composition avec Henri de Bourbon. L'arrêt, dressé de manière à entraver les projets des royaux, fut lu et publié le même jour dans les carrefours et places. Pendant que le crieur faisait son cri devant l'église Notre-Dame, un écolier se prit à dire par malice : « De cette bonne et très catholique ordonnance, il appert que nous sommes priés de mourir de faim sans crier. » Un homme de justice qui ouït cette moquerie appréhenda M. l'écolier; et quoi qu'il dît pour sa justification, le fit pendre sur les lieux pour l'exemple, qui faillit révolter l'Université. Le roi, selon son système, n'eût pas tiré l'épée du fourreau, si les assiégeants ne fussent venus le chercher dans son camp. M. d'Aumale était sur ce point d'une hardiesse admirable. Une fois il sut par un espion que le roi devait attaquer le château de Vincennes par surprise; il s'en alla de nuit par des chemins détournés, avec seulement mille arquebusiers et quatre cents chevaux, occuper le bois; mais le roi ne tomba pas au piége, dont le garda un Politique transfuge. Cependant il ne put faire en sa retraite assez de diligence pour empêcher son arrière-garde d'être maltraitée. Deux jours après, M. d'Aumale chargea fort et ferme M. de Givry, qui s'était approché des murs sans dire gare.

« Sa Majesté, m'écrivait Bellegarde, attend
» d'un jour à l'autre les clefs de la ville, qui
» ne peut échapper d'être prise. Dieu fasse que
» ce siége n'aille pas aussi loin que celui de
» Jérusalem! Le roi, de clément, pourra deve-
» nir implacable. »

Une chose plaisante, c'est que ces lettres, qui pouvaient me nuire comme aussi à Zamet, m'arrivaient au nom de M. le chevalier d'Aumale, sans quoi malheur aurait pu nous en arriver. M. d'Aumale avait en cela une complaisance bien grande, et le plus louable, c'est qu'il ne brisait le cachet de ces correspondances, qui lui causaient à bon droit de la jalousie.

Le roi voyant que les portes restaient bien closes malgré la famine, dont il savait des nouvelles par les vivres que ses propres soldats vendaient aux assiégés, sur quoi ce digne prince fermait les yeux, il se détermina bien à contre cœur à menacer Paris d'un assaut général, et pendant deux journées ses canons ne cessèrent de tirer sans causer grand dégât, sinon des cheminées abattues et des tuiles en éclats. M. de Nemours lui répondit des canons des remparts, sans autre résultat que d'effrayer les corbeaux de Montfaucon, comme aussi de réduire en débris quelques corps de pendus. Les choses demeurèrent au même état. Cependant je ne doute pas que si le roi avait voulu faire le sac de Paris, par le découragement où chacun se trouvait, il aurait sans peine réussi; mais il n'avait garde pour un avantage du moment de perdre sa meilleure ville.

« Mes amis, disait-il, j'aime mieux séjourner deux mois de plus devant ma capitale pour l'avoir intacte, que de la conquérir demain moyennant qu'une seule pierre de mon Louvre fût déplacée.

» — Au reste, sire, le peuple vous saura gré d'avoir pu le forcer et de ne l'avoir pas fait, disait M. de Bellegarde.

» — N'en croyez rien, reprenait M. du Plessis-Mornay : le peuple est d'ingrate nature, il mordra la main qui le flatte et baisera celle qui le frappe.

» — Au lieu de nourrir vos ennemis de votre main, comme vous faites, sire, disait encore M. de Rosny à peine remis de ses grandes blessures, n'attendez pas l'arrivée de M. de Mayenne et du duc de Parme, et vite à l'assaut, aux échelles!

» — Ou plutôt, sire, ajoutait M. de Bellegarde, souffrez qu'on vous instruise en la religion catholique et romaine. »

Chacun de ces gentilhommes raisonnait juste, et le roi se fût bien trouvé de suivre leurs avis. Il eût fait son entrée en Paris quatre ans plus tôt.

Une journée, en une ville si peuplée, poussait la famine aux dernières extrémités; c'était un si piteux spectacle, que depuis les canonnades jusques à mon départ, je n'allai par les rues qu'une fois, et même je ne regardai point aux fenêtres. L'hôtel de Zamet, comme je l'ai dit, était très bien approvisionné, et la faim était le moindre de mes soucis. Mais dehors, l'odieux objet que ce fut après que les boulangers n'eurent plus à vendre de pain, les bouchers, de viande! on inventa partout des aliments dont les porcs eussent fait fi sans y goûter. Des marchands de bouillie levèrent boutique en plein air, et les pauvres gens comme de bons bourgeois venaient à l'envi acheter de cette bouillie, d'une odeur et d'une couleur détestables, faite avec de la paille hachée menu, du son de blé et d'avoine, des herbes, des feuilles d'arbres, et du vin et de l'eau. Cette mauvaise nourriture faisait un mal pour un bien; car ceux qui en mangèrent sans modération en furent malades et moururent Leur maladie, d'une espèce bien singulière, les faisait enfler de tout le corps avec des douleurs insupportables; puis ils se corrompaient des mains ou des pieds comme s'ils fussent défunts et enterrés, rendaient une puanteur empestée et mouraient en des convulsions diaboliques. Dans chaque rue, dessus des fumiers infects gisaient des Job chrétiens, qui pensaient moins à la mort qu'à la faim. L'ambassadeur Mendoce persistait à jeter des monnaies aux armoiries de son maître, que d'abord les gueux couraient ramasser en criant: « Vive le roi d'Espagne! » Mais de quoi sert l'argent quand il n'est rien à pouvoir acheter. Donc l'ambassadeur et le légat firent en coche leur visitation des quartiers, et de la portière M. l'ambassadeur jetait l'argent à poignées; il vit, comme d'ordinaire, les passants faire la chasse à ces médailles dans la boue et les ruisseaux; mais au lieu de les mettre précieusement en pochette et de crier *largesse!* ainsi qu'aux anciens temps, ces claquedents les lui lançaient à la tête en disant : « Monsieur l'Espagnol, nous n'avons que faire de ce métal, à moins que de votre bonté vous ne le changiez en pain. » L'ambassadeur pensa qu'une sédition était près d'éclater pour livrer la ville, et il allait se fier à la vitesse de ses chevaux, lorsque M. le légat, qui comprit la cause de ce mépris pour les espèces sonnantes, appela doucement un des meneurs, qui vint à la portière.

« Pourquoi, mon fils, dit le légat, faire si peu de cas des munificences de Sa Majesté espagnole ?

» — Monseigneur, répondit l'autre, ces monnaies, y en eût-il cent fois davantage, ne pourraient nous rassasier.

» — Saint Janvier ! mon cher fils, le pain est-il si cher ?

» — On voit de reste, monseigneur, que vous ne le savez pas ; mais dites-nous où il s'en trouve en cette ville, soit pour or soit pour argent, et ce sera un miracle dont nous vous bénirons.

» — En vérité, mon très cher fils, le cas est

par trop urgent pour qu'on remette d'en conférer ; donc, en attendant, prenez toujours ces écus ; demain vous saurez où les employer.

» — Si les pères jésuites tant seulement nous octroyaient les miettes tombant de leur table !

» — Oui-dà, les révérends pères ont-ils en leur couvent une once de farine ?

» — Je le sais, puisque j'étais serviteur chez eux avant le siége, et ils tiennent toujours en réserve des provisions pour une année et plus.

» — J'aurai égard à vos misères, mes chers frères de l'Union apostolique, catholique et romaine ! »

Le quidam porta ces consolatrices promesses aux autres, qui n'oublièrent pas de ramasser les pièces d'argent semées à terre, et ce jour-là l'ambassadeur fut doublement généreux. On avisa promptement à sortir de ce pas périculeux. Dès le soir les crieurs invitèrent à son de trompe les curés et marguilliers de paroisse, prieurs de couvents et de communautés, à se trouver le lendemain au palais pour le bien des pauvres. L'assemblée se fit, à laquelle fut

Zamet, qui était aussi marguillier. Le duc de Nemours, dans un bref discours, représenta la nécessité des métiers et journaliers, et conclut par supplier les ecclésiastiques de faire l'aumône suivant les préceptes de Notre Seigneur Jésus-Christ. Qui fit la grimace et murmura entre ses dents? chaque moine de chaque couvent. Zamet, toujours bon et pitoyable, fut d'avis que les gens d'église voulussent bien nourrir les pauvres qui étaient en la ville, et que ceux-là qui avaient des vivres outre leurs besoins les donnassent pour de l'argent. Cet avis prévalut en dépit des opposants, et une enquête fut ordonnée à cette fin dans les maisons secclésiastiques séculières et régulières. Le lendemain les quarteniers, assistés des dizeniers, commencèrent la visite à la joie manifeste du populaire, qui s'agglomérait aux portes des couvents pour attendre l'issue des commissaires. Sur ces entrefaites, chez M. le légat, où étaient le prevôt des marchands La Chapelle-Marteau et ses échevins, arriva le père Tyrius, régent des jésuites, qui vint demander qu'on exemptât sa maison de cette visite. « Cordieu ! M. le recteur, dit M. Marteau qui ne perdait occasion quelconque de se faire des amis, votre requête n'est guère civile ni chrétienne. Par punition, je commanderai que la visite soit chez vous plus sévère qu'ailleurs. Je tiens de bonne part que vous avez bon cellier et bonne grange; nous verrons pour qui chauffe le four; car votre vie n'est pas de plus grand prix que la nôtre aux regards de Dieu et des hommes. » Le père Tyrius se retira la bouche close, et le vulgaire, instruit de son injustice, faillit, un jour de procession, le déchirer en lambeaux. En effet, dans le couvent des jésuites fut découvert un prodigieux amas de vivres, comme aussi chez les capucins, qui font de si beaux vœux de pauvreté. Quant au quidam, dont les propos avaient obligé le légat à cette enquête, il fut pendu à quelques jours de là, on ne sut pourquoi.

Zamet, principal auteur de cet expédient, ne fut pas autrement ménagé. Un soir Bussy-Leclerc et La Chapelle-Marteau allèrent à son hôtel lui demander à souper, lequel, contre la rigueur des temps, fut trop splendide. Le dessert venu, je me voulais retirer pour les laisser libres à leurs affaires; mais ils renvoyèrent les domestiques, et me retinrent à ma place.

« Ah çà, belle dame, me dit Bussy la main sur sa longue épée, vous ne nous dites pas de nouvelles de M. de Bellegarde?

» — Je ne sais qui vous dites, répondis-je déjà tremblante.

» — Seigneur Zamet, dit La Chapelle-Marteau, par charité, expliquez à madame le sens de mes paroles.

» — Messieurs, reprit Zamet, la raillerie n'est pas de bon usage envers les dames.

» — A toi donc je parle, Zamet, dit Bussy fort aigrement; tu as, l'an dernier, reçu en ta demeure Roger de Saint-Larry, sieur de Bellegarde, grand écuyer du feu roi de France Henri troisième, et présentement du roi de Navarre, dit le Béarnais.

» — Eh! messieurs, qui vous a dit?.... m'écriai-je.

» — Cape de ligueur! la belle, interrompit M. Marteau, la chose est donc vraie?

» — Oui, et pour beaucoup je ne voudrais pas qu'elle ne fût arrivée. Qu'en pense le seigneur Zamet?

» — Messieurs, dit-il, avez-vous pas envie de me nuire?...

» — Vois, que nous conseille ta prudence italienne? reprit M. Marteau.

» — Il serait bon pour tous d'entrer à composition, dit Zamet fermement; car si à ce moment vous savez de quoi me mener pendre, je puis tout à l'heure vous en ôter le pouvoir à tout jamais.

» — Par ma fine lame, se dit Bussy en la tirant à demi, je défie les traîtres et les trahisons.

» — Çà, Bussy, ajouta le prevôt des marchands, qui déjà regardait si nul ne venait, ne joue pas au tireur d'armes, et dressons un traité.

» — Volontiers, dit Zamet, et voyons la somme qu'il vous faut.

» — Vous ne vous plaindrez pas, fit M. Marteau en clignant de l'œil, nous serons contents de quarante mille écus.

» — Tout autant ? demanda Zamet.

» — Oui, notre maître, continua Marteau; la somme pour vous est légère; je compte vingt mille écus pour l'accueil que vous fîtes à un royaliste tel que M. de Bellegarde, et vingt mille pour l'indiscrète proposition que vous avez faite d'une visite en les couvents.

» — Mon petit Marteau, dit Bussy, je ne te vis jamais d'humeur si accommodante. Quarante mille écus! tu ne gagnerais pas moins à faire pendre ton vieil ami le président Brisson.

» — Peut-être, fit Zamet; encore faudra-t-il vous lécher les doigts de dix mille écus que je vous offre par amitié.

» — En ce cas, par amitié nous acceptons, *mio signor*, dit le prevôt des marchands, et nous vous ferons notre billet.

» — A payer au jugement des âmes, s'écria Bussy-Leclerc sans quitter les gardes de son épée, ou bien à la prise de Paris.

» — Je ne veux pas d'autre échéance, répondit Zamet, et vous tiens quitte des intérêts. »

Je ne me sentis guère plus rassurée quand,

la somme comptée et le billet signé, Zamet congédia ces deux scélérats en ces termes : « Adieu donc, messieurs les ligueurs, je ne vous souhaite que ce que vous méritez, et me passerai de vous revoir tant qu'il vous plaira ; en cas que vous soyez pendus d'ici là, faites-moi avertir. » Zamet acheta de cette sorte quelque tranquillité ; mais comme l'état du siége était toujours le même, il commença de se chagriner, et désespéra de ce qu'il espérait.

Les ecclésiastiques, pour alimenter les pauvres durant quinze jours comme ils devaient, imaginèrent un moyen qui fut encore leur profit. Ils ordonnèrent à leurs hôtes d'amener leurs chiens et leurs chats, qui furent tués, dépouillés, et cuits en de grandes chaudières comme bœuf ou mouton ; puis le potage et la chair durèrent quinze jours environ, et furent distribués en parts égales aux pauvres de chaque quartier. M. de Nemours usa de ce digne expédient pour faire la charité, mais non à ses dépens ; car d'abord ayant fait vœu, au nom de la ville, de donner à Notre-Dame de Lorette une lampe et un navire d'argent pesant trente marcs, sitôt après le siége levé il puisa à pleines mains au trésor de Saint-Denis, et sans demander licence à Dieu, possesseur d'icelui, il se fit livrer par le trésorier un crucifix d'or, plus une couronne pareillement d'or, qui, portés à la Monnaie, rendirent mille huit cent quarante-sept écus. Les pauvres n'en touchèrent pas un denier.

CHAPITRE V.

Lettre de Diane, sœur de Gabrielle. — Prière de revenir. — M. le duc de Mayenne en Picardie. — Sa visite au château de Cœuvres. — Son portrait. — Doublons d'Espagne. — *Mariez-moi!* — Les maris de Gabrielle. — Arrivée de Henri IV. — Mayenne et la loge aux porcs. — Voyage secret du roi. — Les filles de M. d'Estrées. — Un couvert de plus. — Les dots. — Épreuve. — Grandeur-d'âme du Béarnais. — Son départ. — Le ventre du duc de Mayenne. — Le ligueur endurci. — Lettre de M. de Bellegarde. — Propos d'amant. — La religieuse de Longchamp. — Henri IV généreux en amour. — Le confesseur et la médecine. — Claudine de Beauvilliers. — Visite à Montmartre. — Haine aux religieuses. — L'enfant. — Le quatrain. — Audace et mystère. — Les yeux bandés. — Scène de féerie. — Les nouveaux venus. — L'abbesse. — Continence de Bellegarde. — Les sept Psaumes de la Pénitence. — Retour. — Être et paraître. — Extrémités auxquelles Paris est réduit. — Les peaux. — Émeute. — Les pains d'ardoise et d'os de morts. — Malédiction. — Pèlerinage de Gabrielle. — Terreur panique. — Les plaies d'Égypte. — Le passe-port. — Départ de Gabrielle. — Douleur du chevalier d'Aumale. — Jalousie de Bellegarde.

Aux premiers jours de juillet, je reçus de Cœuvres une lettre où ma sœur Diane me sommait de revenir sans plus de retardement, toute ma famille s'inquiétant de l'extrémité du siége. Je n'omettrai pas cette lettre, qui traite du roi Henri fort honorablement.

« MA TRÈS CHÈRE SŒUR,

» Par la présente je vous mande de vos
» nouvelles, à savoir si vous êtes bien por-
» tante, et si vous comptez bientôt être de
» retour à Cœuvres ; car, à vrai dire, votre
» absence est un peu bien longue, et votre père
» ainsi que nous vos sœurs en sommes tous
» marris. Je vous prie, s'il est possible, de sortir
» de Paris avant le sac, qui est d'ordinaire fatal
» aux femmes et filles. Notre tante de Sourdis,
» qui a suivi le bon parti de n'attendre pas les
» horreurs du siége pour vider les lieux, nous a
» écrit que vous êtes en sûreté de ne mourir pas
» de faim en l'hôtel du seigneur Zamet. Mais un
» coup de canon peut faire ce que, Dieu merci,
» la disette ne fera pas. Sur ce, je vous réitère,
» de la part de vos sœurs et père, la prière de
» venir réjouir nos cœurs encore affligés de l'a-

» bandon de madame notre mère. De ce, je me
» tairai, comme vous faites. M. d'Estrées a dit
» qu'il avait fait le compte de ses enfants, au
» nombre de huit en tout, tant garçons que filles;
» et que si désormais ce nombre s'accroît, il
» donnera sa part au diable et sa femme avec. Il
» faut que vous nous ayez mis hors de votre
» mémoire, de ne nous pas instruire de votre
» heur et malheur; car nous savons pour vrai
» que dedans Paris on mange de la chair hu-
» maine, ce qui fait frémir. Du reste, nous
» avons vu ici les deux chefs de la guerre, le
» roi et M. de Mayenne, qui tous deux ont logé
» à Cœuvres et non dans le même appartement.
» Le fait vaut bien qu'on en parle.

» Depuis plus d'un mois, M. le duc de
» Mayenne court la Picardie de château en châ-
» teau pour se bien assurer de ses amis et en
» gagner de nouveaux à sa cause. Il attend des
» Pays-Bas une belle armée, que lui doit amener
» M. le duc de Parme, pour délivrer Paris. Vous
» connaissez que notre très cher père, sous
» prétexte de ses blessures, mais bien par faute

» de pécune, s'est retiré de l'armée royale, et
» séjourne en ses terres. Le roi, qui en bonté ne
» le cède à nul, trop pauvre lui-même pour
» payer ses soldats, ne peut selon leur mérite
» récompenser ses officiers, voire les plus
» féaux. « Messieurs, leur dit-il, j'ai grande envie
» et petit pouvoir; je voudrais être généreux
» en roi de France, et ne le suis pas même en
» roi de Navarre; mais faites-moi crédit sur les
» revenus de ma couronne. » Rien n'arrive ce-
» pendant, car la Ligue a cent têtes comme
» l'hydre; le moyen de les trancher toutes à
» la fois? M. d'Estrées se fie à ces royales pro-
» messes; mais devant qu'elles arrivent, il ne
» sait l'art de faire de l'or. Donc M. de Mayenne
» connaissant le pourquoi de son retour, a tout
» tenté pour faire prendre la double croix de
» Lorraine à un si expérimenté capitaine qu'est
» notre père. Pour ce, il s'en vint seul et sans
« gardes quêter un gîte au château de Cœuvres.
» M. de Mayenne, pour vous l'apprendre, a
» l'air moins d'un prince que d'un boucher, tant
» il est fourni en graisse, ventre et santé. Il

» marche en soufflant d'ahan comme un bûche-
» ron qui fend du bois fait à chaque coup de
» hache. Son visage est à l'équipollent de tout le
» reste ; une vraie mine de chérubin joufflu. A le
» voir empêché en son manteau et fort en peine
» de descendre de cheval, je le jugeai un mar-
» chand de farine ou de pourceaux, et ne me
» mis pas en peine pour le bien recevoir. Mais, à
» mon ébahissement, M. d'Estrées reconnut
» M. de Mayenne, et l'accola en honnête amitié,
» malgré la différence des partis.

» — Diane, me dit notre père, avisez à nous
» préparer un gentil souper.

» — Ce sera bien fait, dit M. de Mayenne, la
» route m'a mis de l'appétit autre part qu'aux
» jambes.

» — Sang picard ! monsieur le duc, la maison
» d'Estrées n'est pas riche, et par avance ex-
» cusez la chère que vous ferez chez nous.

» — Des doublons d'Espagne, monsieur,
» viendraient bien à propos en ce déchet de vos
» finances.

» — Nenni, monsieur le duc ; l'honneur n'est

» pas une marchandise, et royaliste je suis né,
» royaliste je mourrai sans un sou vaillant. »

« Je les laissai dégoiser à loisir, et M. de
» Mayenne de sa langue dorée ne put persuader
» à notre digne père de se séparer du roi,
» tout hérétique et fauteur d'hérésie qu'il soit.
» Nous étions au vingt-sixième du mois de
» juin, où les jours ont belle durée; vers les
» six heures de l'après-dîner, fut servi le souper,
» auquel manquaient, outre vous, notre sœur
» Marguerite, dame de Namps, et messieurs
» nos frères, dont l'un fait la guerre en Bré-
» tagne, et l'autre chante la messe au lutrin.
» Mes sœurs et moi tenions table, ce qui sem-
» blait agréer à M. de Mayenne, le plus gros
» mangeur que j'aie vu; car, soit qu'il parlât,
» soit qu'il nous regardât, il avait sans cesse la
» bouche pleine et jamais la panse. Il donna
» de beaux éloges à l'ordonnance du festin,
» aux mets et au vin.

« Par les États de Blois! dit-il, petites, la-
» quelle de vous veut être mariée d'abord?

» — Ne dites cela, réprimanda M. d'Estrées,

» le proverbe dit qu'un pucelage crie jour et
» nuit : mariez-moi tôt, mariez.

» — Oui-dà, dit encore M. de Mayenne,
» croyez-vous que le Béarnais, qui ne paie pas
» seulement son écot dans les hôtelleries, se
» ruine à doter mesdemoiselles vos filles?

» — Madame de La Bourdaisière, mon épouse,
» les a faites de telle sorte qu'elles puissent se
» passer de dot; déjà ma troisième fille Ga-
» brielle prendra noble alliance avec M. Roger
» de Bellegarde, grand-écuyer.

» — Je pensais que ce fût avec le seigneur
» Zamet, reprit votre sœur Julienne-Hippolyte.

» — Oui bien! répondis-je, fondé sur ce que
» m'apprend madame de Sourdis, c'est M. le
» chevalier d'Aumale qui sera son époux.

» — Pourquoi pas M. de Longueville, ajouta
» notre sœur Françoise, jalouse de son natu-
» rel?

» — Par saint Antoine de Cœuvres! s'écria
» M. d'Estrées, depuis quand ma fille Gabrielle
» a-t-elle des époux à foison et tous de bonne
» race?

» — Zamet, qui est mon ami, interpréta
» M. de Mayenne, m'a écrit qu'elle était si belle
» et si gracieuse que c'était à qui l'aimerait.

» On en était sur votre sujet quand on heurta
» violemment à la poterne. M. d'Estrées qui de-
» vait veiller sur son hôte et convive, s'en alla
» lui-même voir qui venait si tard. Il n'ouvrit
» pas cependant, car remontant les degrés, le
» teint pâle et tout en émoi :

» Câchez-vous quelque part et vitement,
» M. de Mayenne, dit-il, c'est le roi en per-
» sonne.

» — Le Béarnais ! dit M. de Mayenne tirant
» son épée ? vous errez, M. d'Estrées ; il est sous
» les murs de Paris à cette heure.

» — Nenni, monsieur le duc, j'ai trop bien
» ouï sa voix, et si ce n'est lui c'est le diable
» sous sa figure.

» — Monsieur d'Estrées, je vous sais trop
» d'honneur pour mettre en soupçon votre
» loyauté ; mais aidez-moi à sortir d'ici, ou
» plutôt procurez-moi le combat corps à corps
» avec le Navarrois.

» — Ce n'est pas de cette sorte que je pra-
» tique l'hospitalité ; et avant d'arriver où vous
» serez, on me foulera sous les pieds. »

» Ce pendant que l'on frappait sans relâche
» à la poterne, il mena M. de Mayenne en une
» logette à pourceaux, déserte pour le présent,
» et le persuada de s'établir céans. Mais d'a-
» venture l'huis se trouvant trop étroit, quand
» M. de Mayenne fut entré à demi, voilà qu'il
» ne pouvait avancer ni reculer, embarrassé
» de son ventre en tonneau ; pourtant, le cas
» pressant, il s'efforça de plus belle, sua de fa-
» tigue, et finit par s'encager comme un merle
» pris au trébuchet. M. d'Estrées ouvrit enfin à
» Sa Majesté, qui n'avait pour compagnon que
» M. du Plessis-Mornay. »

« Ventresaintgris ! dit le roi, on ne de-
» meurerait pas si long-temps devant la porte
» d'une belle dame.

» — On penserait, ce fit M. du Plessis qui
» veut du mal à notre père, que dans cette
» bicoque il y a des ligueurs ou des prédica-
» teurs.

» — Sire, reprit M. d'Estrées, qui me vaut
» l'heur de votre visite?

» — L'occurrence, mon cher, dit le roi!
» j'ai été averti sous main que M. de Mayenne
» vaguait en Picardie, et quittant sans bruit
» mon camp de Paris, je suis venu avec un gros
» corps de cavalerie, faisant une seule traite de
» dix-sept lieues, pour surprendre le gros capi-
» taine mon cousin.

» — Vous ne l'avez encore pu joindre, sire?
» demanda M. d'Estrées, bien déterminé à ne
» pas livrer son hôte.

» — On nous a mis à sa piste, répondit
» M. Duplessis; nos gens le guettent au passage
» devers Soissons. »

» Le roi vint dans la salle du souper, et
» voyant la table mise et non encore desservie,
» prit place, invitant M. Mornay à l'imiter; car,
» dit-il, roi et vilain ont bon appétit en temps
» de guerre. Cependant mes deux sœurs et
» moi étions aux écoutes en la chambre voi-
» sine.

« Vive Dieu! mon maître, dit le roi à

» M. d'Estrées, vous soupiez en compagnie, à
» ce que je vois par ces couverts?

» — Sire, il est vrai; les demoiselles mes
» filles...!

» —Ventresaintgris! que ne sont-elles là? Jo-
» lis minois sont bons à regarder; faites-les venir,
» s'il vous plaît, et dites-leur que je les en prie. »

» Sans attendre qu'on nous appelât, nous vîn-
» mes saluer le roi qui nous baisa toutes les trois
» au front et quelque peu aussi à la bouche.

« Les gentilles pucelles! dit-il en nous
» examinant, elles sont quasi propres à marier!
» ont-elles des amoureux?

» — Ne les faites rougir, sire, répondit
» M. d'Estrées; mais ce n'est pas là tout ce que
» j'en ai, car, entre nous, les enfants ne me coû-
» tent que le baptême.

» —Oui dà! J'ai ouï citer votre aîné qui fera
» quelque jour un habile homme de guerre.
» Mais de vos filles, laquelle est aimée de M. de
» Bellegarde?

» — Sire, elle n'est point ici, mais en la

» ville de Paris, chez M. Zamet ; ce qui me dé-
» sole à cause du siége.

» — Elle a nom Gabrielle, et, ce dit-on, est
» d'une singulière beauté.

» — On ne vous a trompé, sire; mais à mon
» sens, sa sœur, religieuse de Maubuisson près
» Pontoise, n'est pas moins un miracle fé-
» minin.

» — Ventresaintgris! je serais aise qu'elle fût
» des nôtres.

» — Enfin la seconde par rang d'âge est
» femme du sieur de Namps, gentilhomme pi-
» card, ligueur, dont j'enrage.

» — Je ne lui en veux pas, par amour de
» vous; mais dites, de celles-là, mon ami, la-
» quelle soupait ce soir avec vous? car voilà
» sans mentir cinq couverts, et je ne compte
» que quatre personnes.

» — Sire, dit la méchante Françoise, c'était
» un gentilhomme...

» — Oui-dà! dit le roi, sans doute le préten-
» dant à l'alliance d'une de ces trois mi-
» gnonnes?

» — En effet, reprit M. d'Estrées, un gentil-
» homme qui recherche Françoise en mariage,
» et qui à votre venue s'en est allé à son châ-
» teau.

» — Fi ! reprit Françoise, je ne voudrais pas
» de ce gros ventre, quand il pondrait tous les
» jours des œufs d'or.

» — Cape de Béarn ! dit le roi, l'enfant a
» plus de raison que monsieur son père. Çà,
» parlons d'affaires, M. d'Estrées, vous savez si
» je vous aime et estime ; vous êtes homme
» d'honneur et bon royaliste...

» — Sire, interrompit notre père, je ne
» vaux pas tant que vous dites : je fais mon de-
» voir ; la chose est commune.

» — Certes non, mon cher ; mais néanmoins
» je regrette de vous voir absent de mon
» armée.

» — Sire, Dieu aidant, je me guérirai de mes
» blessures.

» — Je le souhaite assurément, et le plus
» tôt sera le mieux ; en attendant, pour vous
» témoigner ma gratitude de vos services pas-

»sés, je vous donne cinquante mille écus à
»prendre chacun an, sur les impôts de la ville
»de Cœuvres, afin que vous mariiez vos filles à
»de fidèles royalistes. Le Béarnais est pauvre,
»comme on sait; il ne peut donner da-
»vantage. »

» M. d'Estrées, à cette nouvelle bonté, faillit
»s'agenouiller devant le roi et l'adorer; nous
»fûmes promptes à le remercier, et il nous
»baisa une seconde fois, comme s'il fût notre
»égal, et plus amicalement encore.

« O le digne roi ! disions-nous à part, l'or-
«gueil ne le perdra pas. »

» — Maintenant, M. d'Estrées, dit-il, avant
»de prendre congé de votre bon accueil, mon-
»trez-moi partout votre château, qui doit ren-
»fermer des choses bonnes à voir.

» — Sire...! bégaya M. d'Estrées confus et in-
»certain.

» — Par la Bible ! dit M. du Plessis, qui était
»durant tout ce temps demeuré coi et rébar-
»batif, voyons çà ! »

»Notre père, troublé de cette requête du

» roi, fit pourtant bonne contenance ; et bien
» qu'il pensât Sa Majesté instruite de la venue
» de M. de Mayenne, il ne se refusa point à lui
» faire la conduite par les salles, galeries, plate-
» formes, voire même cours et basse-cours.
» M. du Plessis marchait devant, flairant quel-
» que chose d'une mine refrognée ; le roi sou-
» riait et ne disait mot. Venus aux environs de
» l'étable où M. de Mayenne tenait la place des
» porcs, M. d'Estrées, qui l'entendait geindre à
» cause de la gênante position où il était, vou-
» lait tirer d'autre part.

« Vrai Dieu ! dit le roi, vos pourceaux sont
» des mal appris, qu'ils grognent à mon appro-
» che.

» — Sire, répondit notre père, ce serait Dieu
» fait homme qui viendrait, ces incivils animaux
» ne changeraient pas de gamme.

» — Saint Calvin ! s'écria M. du Plessis, ils
» sont donc bien maigres, ces porteurs de lard,
» qu'ils passent outre malgré si étroite issue, où
» Mayenne lui-même resterait dehors.

» —Ventresaintgris! à propos de Mayenne,

» ajouta le roi, je vois bien qu'il faudra le sai-
» gner comme un cochon pour en avoir la paix.

» — De fait, poursuivit M. d'Estrées, c'est
» le vœu des braves gens que le roi devînt catho-
» lique et que la guerre cessât.

» — Mon maître, dit le roi, la guerre cessée,
» le Béarnais verra ce qu'il doit faire quant au
» reste.

» — Si M. de Mayenne était là pour m'écou-
» ter, fit M. du Plessis, je lui dirais tout franc
» qu'il va droit à l'échafaud en continuant la
» Ligue.

» — En tout cas, reprit le roi, que Paris
» soit conquis de gré ou de force, et je me soucie
» du gros ventre de M. de Mayenne comme de
» rien.

» — Sur ce, je lui conseille, persista M. du
» Plessis, de mettre bas les armes plutôt aujour-
» d'hui que demain.

» — Je me sens enclin à l'aimer tout de suite,
» dit le roi en commençant la retraite, et je lui
» tendrais les bras comme à l'enfant prodigue
» du saint Évangile. »

» M. d'Estrées oyant cela, tremblait comme
» tremble la feuille au vent, car M. de Mayenne
» découvert en son château, Dieu sait les soup-
» çons qui en seraient survenus par jugement
» téméraire. En outre il était tenu de défendre
» son hôte au péril de sa vie, et à ce devoir
» d'honneur il n'eût pas failli. Le bon roi le
» sortit de cet embarras en faisant signe à M. du
» Plessis de quitter l'entretien ; puis il remercia
» notre père de son bon accueil, nous rebaisa
» toutes trois en signe d'adieu, et prit congé du
» château de Cœuvres, où sa royale visite aurait
» semblé trop courte de moitié en toute autre
» circonstance. M. d'Estrées le vit s'éloigner, et
» fut débarrassé d'un poids pareil à celui que
» ferait une montagne; il prêtait l'oreille au
» galop des chevaux par la route de Soissons,
» suivant de l'œil et de la pensée ces deux cava-
» liers, dont l'un était le roi de France et de
» Navarre. Vos sœurs et moi, chagrines de ce
» partement, portions la tête haute par fierté
» des caresses de Sa Majesté, qui, m'est avis,
» n'était pas moins aise que nous. Lorsque tout

» soudain la maligne Françoise : « Monsieur, dit
» elle à notre père qui s'en allait pensif, voici
» ce qu'en partant m'a confié Sa Majesté : Ma
» fille, vous qui semblez de bon entendement,
» de ma part vous direz à M. d'Estrées, mon
» ami, qu'il se garde à l'avenir de recevoir
» M. le duc de Mayenne, et surtout de le celer
» en sa maison, car il s'en pourrait rencontrer
» qui fussent moins indulgents que moi. Dites
» aussi à M. de Mayenne qu'il n'avait que faire
» de se ranger parmi les pourceaux, et que nous
» avons assez de foi pour ne point trahir l'hos-
» pitalité. » M. d'Estrées grandement émerveillé
» de ces paroles, les alla redire à M. de Mayenne,
» l'engageant à vider de l'étable pour gagner
» Laon ou toute autre ville de la Ligue. M. de
» Mayenne, blessé des railleries du roi et de
» M. du Plessis-Mornay, fut sur le point d'en de-
» mander raison à M. mon père, qui, pour seule
» réponse, lui remontra doucement qu'il ferait
» une faute de ne point s'accommoder avec le roi.
» Le plaisant de ceci, c'est que M. de Mayenne,
» au dedans de la porcherie, ne songeait à s'en

» tirer, ce qu'il fit ou du moins voulut faire
» grommelant et maugréant. Mais il arriva que
» s'étant trop pressé de passer outre, il s'enga-
» gea dans la porte au point d'y demeurer en-
» cloué, chef deçà, jambes delà; le cas était si
» nouveau et l'air du patient si bouffon, que
» pour ne pas rire nous quittâmes la place,
» sinon M. d'Estrées, qui faillit enlever M. de
» Mayenne en quatre quartiers, tant monsieur
» le ventre avait peine à trouver passage. Enfin
» M. de Mayenne, à force de se pousser en avant,
» toujours suant et souflant comme un bœuf,
» se remit sur ses pieds, souillé de fange et
» d'ordure, gonflé de colère contre le généreux
» Henri IV.

« Monsieur, ce dit M. notre père d'un ton
» d'assurance, de ce soir vous devez la vie à Sa
» Majesté, qui a surpassé les plus fameux héros
» en continence; car vous étiez à sa merci et
» il n'a pas profité de son avantage.

» — Le Béarnais, reprit M. de Mayenne, est
» bien fou d'avoir eu cette occasion entre ses
» mains et de n'en avoir pas usé.

» — Pensez là-dessus comme il vous con-
» viendra, mais, si m'en croyez, ne tardez à
» vous retirer en lieux sûrs ; car M. du Plessis-
» Mornay n'était pas d'avis de vous laisser aller
» de cette sorte.

» — Adieu vous dis, M. d'Estrées, et vous
» rends grâce de votre hospitalité. »

» Notre père s'offrit pour guide et protecteur
» à M. de Mayenne, qui refusa tout, jusqu'au
» coup de l'étrier. Il partit fort peu reconnais-
» sant de la générosité du roi, et parvint sans
» malheurée à la ville de Laon. Sa Majesté
» voyant sa surprise manquée, est revenue de-
» vant Paris, qui ne peut tenir long-temps, et
» l'armée du duc de Parme, ce dit-on, ne sera
» point de deux mois en état de porter secours
» aux assiégés. C'est pourquoi je vous supplie
» une dernière fois de ne pas attendre le sac ou
» reddition de la ville, crainte d'accident. Je
» souhaite vous revoir ; une année d'absence
» semble dure à de bonnes sœurs. Je vous em-
» brasse à grand renfort de tendresse.

» Diane d'Estrées. »

Puisque j'en suis sur le chapitre des correspondances, autant vaut rapporter ici une belle lettre de Bellegarde, qui me donna moult à réfléchir ; car il est dit, tel maître tel valet, et le roi se livrant aux débauches et aux galanteries qui le pouvaient consoler des ennuis du siége, Bellegarde son favori ne se faisait pas faute de l'imiter. Certes il omit de m'initier à ses infidélités ; mais j'en eus le doute, et ce fut assez pour me causer de la peine.

« Ma belle mignonne,

» D'où vient que vous oubliez votre ami, qui
» de vous oublier n'a ni le pouvoir ni la vo-
» lonté ? M'en voulez-vous, d'aventure, parceque
» je tiens le siége de votre cité ? Je sais que parlà
» où vous êtes la misère est extrême, et que l'on
» y vivrait bien si l'on se passait de manger.
» On raconte de la famine mainte horreur qui
» rappelle le siége de Numance en Espagne par
» les Romains. N'est-ce point mensonge qu'une
» dame riche de trente mille écus a fait sa nour-
» riture du corps mort de son enfant ? Voilà, ce

» me semble, des contes de sainte Ligue, à l'ef-
» fet d'animer les esprits contre Sa Majesté notre
» bon souverain. Quant à ce qui est de vous,
» je ne m'en inquiète que par le chagrin que
» j'ai d'être loin de votre vue. Ensuite je n'ap-
» préhende pas que vous souffriez le plus moin-
» drement de la faim en l'hôtel de notre ami
» Zamet, qui est trop riche pour manquer du
» nécessaire ; car vous savez du reste que notre
» excellent roi permet que ses soldats commer-
» cent avec les Parisiens, leur changeant des
» vivres pour des écharpes, des effets, des
» drapeaux, des chapeaux de castors, des plumes
» et mille riens. En cela il se fouette de ses pro-
» pres mains; car les gens de la ville ne lui en
» tiennent compte et le haïssent encore plus.
» Enfin je me suis tout tranquillisé quant à votre
» sort, puisque s'il vous plaisait de quitter Paris,
» vous ne tarderiez guère avec un passe-port
» que je mets à votre disposition. Mais force
» m'est de croire que vous n'êtes pas si en
» peine que les autres ; et que vous êtes retenue
» par quelque beau ligueur: inconstante, tôt

» ou tard vous verrez, à votre éternel regret,
» que le fidèle serviteur qui s'est dit vôtre jus-
» qu'à la mort ne saurait avoir son égal. Sur
» ce, je vous remets en mémoire mon attache-
» ment assidu, pour vous faire honte si vous
» trahissez votre foi, et en tout cas, pour vous
» exciter à m'aimer un peu, moi qui vous aime
» tant.

La vie que l'on mène au camp est toujours
» le jour de demain la même qu'elle était la
» veille, sauf quelque escarmouche, une sortie
» des assiégés, une attaque à l'improviste, des
» prisonniers, et semblables faits coutumiers à la
» guerre. Mais que faire en une tente ou de-
» dans les hôtelleries où l'on se loge? rien ne
» fais-je aussi que penser à vous, et ce m'est
» un passe-temps tout aimable. Cependant de-
» puis le siége ma charge me convie d'accom-
» pagner Sa Majesté pour la garder des entre-
» prises des méchants. Je vous veux distraire
» par le récit non fardé des galanteries que le
» roi a poussées aux abbayes de Montmartre,
» Longchamps et Saint-Antoine. Cette dernière,

» comme vous a dû conter M. d'Aumale, fut
» prise et saccagée au moment que Sa Majesté
» en sortait après avoir couché deux nuits du-
» rant en la cellule d'une religieuse qui ne l'a
» pas fait jeûner, selon la règle du couvent. Cette
» honnête personne, renvoyée vers le roi par
» les bontés de M. le chevalier d'Aumale et sans
» doute par amour de vous, sera pourvue d'un
» gros prieuré pour la payer d'avoir si bien
» traité notre Béarnais. Pour ce qui est de de-
» moiselle ou sœur Catherine de Verdun, que
» le roi a connue d'abord à l'abbaye de Long-
» champs, où il s'en allait ouïr vêpres et salut,
» elle n'était pas novice, je vous affie; car si
» bel arbre portait de mauvais fruits que notre
» maître a cueillis par trop de confiance. Tou-
» tefois il ne s'en est pas vanté; mais quand
» il en fit quelque honnête ouverture à ladite Ca-
» therine, elle commença de pleurer à chaudes
» larmes, et se jeta de prime abord aux genoux
» de Sa Majesté, avouant que de pucelle qu'elle
» était naguère, son confesseur, vilain moine
» barbu, l'avait rendue telle; qu'elle ignorait ce

» que ce fût, et ne le voulait savoir, de peur
» d'en mourir de vergogne. En somme elle re-
» quit la licence d'aller se guérir en un autre
» ordre. « Mamie, dit le roi, je ne me fâcherai
» pour si peu : d'ailleurs la faute en est à ce
» confesseur corrompu qui serait bon en tout
» à confesser les filles de joie en ma bonne ville
» de Paris. Je le punirai suivant ses mérites ; et
» pour vous témoigner que je ne vous tiens pas
» à rancune, je vous fais don de l'abbaye dite
» Saint-Louis de Vernon, afin que vous aussi
» puissiez vous souvenir de moi : partant quitte.»
» Certes, une si belle reconnaissance ne pour-
» rait trop être louée, et j'en connais peu,
» voire chez les petites gens, capables de tant de
» modération ; je ne me serais contenté à si bon
» marché. Toutefois il fit venir le confesseur de
» son monastère de Saint-Cloud, et lui dit ceci :
» Mon frère, il m'est revenu que vous étiez
» moins net de corps que d'âme. Comme moi
» votre roi et gouverneur, malgré que huguenot,
» j'ai gros intérêt au salut de mes religieuses en
» cette vie et au vôtre dans l'autre, je vous prie

» de fier votre santé corporelle à la science
» de mon médecin maître Alibour, qui, ventre-
» saintgris! vous lavera de toute souillure ; en
» sorte que vous ferez après, sans qu'on s'en
» aperçoive, ce qui vous paraîtra bon et conve-
» nable. « Alibour a guéri ce pauvre diable avec
» des tisanes dont le roi a fait les frais. J'estime
» ce trait à l'égal des plus nobles actions nar-
» rées aux Vies de Plutarque translatées du grec
» en francais par monseigneur Amyot.

» L'histoire de l'abbesse de Montmartre tient
» du merveilleux, et je ne ferais pas le pari que le
» roi n'en viendra quelque jour à rompre publi-
» quement les vœux de madame Claudine de
» Beauvilliers, un peu votre parente, et, après
» vous, la plus belle d'entre les belles, en dépit
» de son habit de religieuse, qui déguise les
» belles comme les laides, à l'avantage de ces
» dernières. Voici comme arriva la connaissance
» d'elle et de Sa Majesté. Il y a tantôt un mois qu'il
» fit le projet d'aller du haut de Montmartre re-
» garder Paris et dresser ses plans. « Car, dit-il,
» il en est de ma capitale comme d'une belle

» dame dont j'aurais la vue sans en avoir la
» jouissance; c'est peu, mais c'est encore
» mieux que rien. » Il choisit pour compagnie
» MM. d'Auvergne, de Rosny, de Givry, d'O et
» moi. Mais comme on lui fit observer que les
» canons des remparts ne seraient pas hors de
» portée, il ordonna seulement à M. de Bellan-
» greville de ranger son régiment au pied de la
» montagne, et permit au docteur Alibour d'être
» des nôtres. Tout étant ainsi disposé, par un beau
» soleil levant, nous allâmes où nous avions
» affaire. M. de Rosny, encore demi-écloppé de
» ses blessures, jurait contre les mauvais che-
» mins qu'il n'y reviendrait plus. Le gros bœuf
» d'Alibour s'en allait récitant des thèses latines
» et ramassant des simples. Pour nous, qui n'é-
» tions pas médecins ni blessés, sauf moi, votre
» ami, au cœur, et le roi autre part, nous me-
» nions un joyeux entretien; que pour cause
» je vous tairai. La traite était rude, et chacun,
» pour monter à Montmartre, fit un beau vœu à
» sa maîtresse; celui que je fis alors doit s'accom-
» plir à notre premier rendez-vous; tâchez qu'il

» soit prochain. Arrivés sur la hauteur, au lieu
» où tournaient les moulins avant qu'ils fussent
» ruinés pour le siége, nous nous couchâmes
» parmi l'herbe humide de rosée, et, sans dire
» bonsoir, plusieurs de nous commencèrent de
» dormir à beaux ronflements. Alibour s'écar-
» tait pour achever sa moisson champêtre, et
» M. de Rosny reposait, comme aussi sa morale
» grondeuse. Le roi et moi restions seuls éveil-
» lés, devisant de nos amours.

» Ventresaintgris! disait-il, qui se fiera dé-
» sormais à mesdames les religieuses? Pas moi,
» je vous jure.

» — Ou plutôt, fis-je, quelle de ces dames
» osera se fier aux confesseurs?

» — Cependant je n'ai pas regret si cuisant
» de cette aventure, et notre butor d'Alibour
» m'a fait serment que dans trois jours je n'au-
» rai plus ressouvenir de ma religieuse.

» — Sire, quand vous tiendrez votre cour
» au Louvre, vous ne chercherez pas curée
» amoureuse dans les couvents catholiques. »

» Subitement un petit bruit nous détourna

» de notre devis ; c'était un bel enfant, souriant,
» sautillant, et le doigt sur la bouche, comme
» les poètes figurent le dieu Amour. Il nous fit
» signe d'aller à lui, et, sans réveiller les dor-
» meurs, le roi se leva, et je fis de même. L'en-
» fant nous ayant attirés derrière un bouquet
» d'arbustes, rendit au roi un papier odorant
» où étaient ces gentils vers :

>   Fiez-vous, sire, à celui qu'on envoie
>   Par devers vous, et marchez sur sa voie :
>   Amour aussi, dont nul ne se défend,
>   Comme icelui, n'est-ce point un enfant ?

» Foin de la peur et de la prudence ! dit le
» roi, je suivrai ce guide jusques au bout de
» l'univers.

» — Arrêtez-vous, sire, ce pourrait être une
» embûche de vos ennemis.

» — Dis çà, Bellegarde, lorsque Belzébuth
» adresse un message, le fait-il porter par l'ange
» Gabriel ?

» — Sire, éveillez au moins ces messieurs, et
» vous serez à l'abri des piéges sous la sauve-
» garde de leurs épées.

» — Non, mon fils, il s'agit d'affaire amou-
» reuse, et je me sens le courage de la tenter
seul.

» — Moi du moins, sire, je vous garderai
» comme je dois.

» — Volontiers, mon ami, car il se peut que
» tu trouves où nous allons de quoi te payer de
» tes pas. »

» L'enfant marchait en avant et nous à sa
» suite. Je n'étais guère rassuré pour Sa Majesté,
» me gourmandant tout bas de n'avoir point
» averti les autres gentilshommes, qui à leur
» réveil seraient en belle inquiétude. Nous voilà
» parvenus à une chaumière de chétive appa-
» rence, dont M. l'Amour nous ouvrit l'huis
» avec un beau salut.

» Sire, réitérai-je, donnez-vous garde d'une
» trahison.

» — Bellegarde, reste en arrière si tu n'oses
» t'aventurer avec moi.

» — Sire, fût-ce en enfer, je serai votre
» grand-écuyer. »

» Entrés en ce réduit, une vieille sans dents,

» en guimpe et robe noire ainsi qu'une moi-
» nesse, nous vint prier de souffrir qu'on nous
» bandât les yeux. L'épreuve n'était pas faite
» pour rassurer; mais le roi, téméraire en amour
» ainsi qu'à la guerre, ne daigna pas entrer en
» parlement; et bien que je le tirasse par la
» manche, il se laissa aveugler comme au jeu
» de colin-maillard. Je me laissai faire à son
» exemple, déterminé, à part moi, de recouvrer
» la vue à la moindre appréhension. Nous des-
» cendîmes plus de cent degrés; le roi conduit
» par l'enfant, moi par la vieille, et cela dans
» un grand silence de part et d'autre. Finable-
» ment, ayant fait une bonne traite sous terre,
» comme il me parut à l'air frais et moite, quel-
» ques rires de femmes chassèrent toutes nos
» craintes. « Ventresaintgris! s'exclama le roi,
» où sont les dames, je veux être!... » A ces
» mots il se découvrit les yeux, et pour faire de
» même je n'attendis qu'on m'en donnât per-
» mission. Le spectacle qui s'offrit à nous à ce
» moment tenait du prodige, de la féerie ou
» de la diablerie. Le lieu où nous étions sans

» savoir comment, était une grande salle sou-
» terraine tendue de riches tapisseries, et au
» milieu une table servie et fort bien éclairée,
» à laquelle on voyait assises quatre belles dames
» en leurs brillants atours, roses, riantes et
» conseillant la joie.

» Par la mordieu! mesdames, dit le roi, je
» n'espérais que Vénus toute seule, et en voici
» quatre de même divinité.

» — Sire, répondit la plus haute en stature
» et la plus majestueuse en son air, nous vou-
» lons du mal à Votre Majesté de nous avoir
» prises pour ligueurs et pis encore.

» — Mes déesses, continua le roi, l'outrage
» doit être imputé à Bellegarde, qui me dissuada
» de répondre à si gracieuse invitation qu'était
» la vôtre.

» — Ah! mesdames, dis-je pour m'excuser,
» quand on connaît notre bon maître, on craint
» sans cesse de le perdre, et l'on souhaiterait à
» tout prix qu'il fût sain et sauf des Jacques
» Clément et des religieuses.

» — Oui dà! monsieur, repartit une de ces

» colombes, quel grand mal vous ont fait ces
» religieuses ?

» — Sa Majesté, ce me semble, dit une autre, n'était pas sans avoir une suite de gen-
» tilshommes ; que ne sont-ils aussi venus ?

» — Mes nymphes, répondit le roi, je nie
» que la fortune vienne en dormant, et la preuve
» en est dans notre visite à cet Élysée ; ce dont
» MM. d'Auvergne, de Rosny, d'O, de Givry et
» Alibour se trouvent frustrés pour trop bien
» dormir.

» — Mesdames, repris-je, la perte pour vous
» n'est pas à regretter, sinon M. le comte d'Au-
» vergne, qui est du sang royal et par là fort
» aimable cavalier; mais Dieu vous préserve des
» sermons de M. de Rosny, des financiers calculs
» de M. d'O, des batailles contées par M. de
» Givry et des drogues de maître Alibour!

» — Par la Passion ! fit le roi, M. de Belle-
» garde ne fait pas grâce aux absents; toutefois
» ces pauvres amis, ne sachant ce que je suis
» devenu, se dépiteront et voudront mourir.

» — Page, dit la première entre ces dames,

va-t'en querir lesdits seigneurs et les amène. »

» Une étrange chose, c'est que Sa Majesté ne
» s'informait pas qui étaient ces dames, et je
» crois qu'il n'y songeait pas ; il tomba de prime-
» saut amoureux de celle-là dont j'ai parlé, et
» dès lors ne discontinua de la galantiser, lui
» prenant et baisant les mains ; ce qui le con-
» duisit à baiser la bouche ; la belle s'accommo-
» dait de ces privautés. Pour moi, qui vous aime
» et suis vôtre sans partage, j'aurais desiré être
» à cent lieues de là sans danger de tentations,
» auxquelles j'ai résisté par le grand amour que
» j'ai pour vous, ma Gabrielle. Cependant l'en-
» fant, fort habile à ce métier, comme il appert,
» revint tant seulement avec le comte d'Auver-
» gne et Chicot, le bouffon de Gascogne, brave
» officier du reste, qui, rencontrant M. d'Au-
» vergne, s'obstina de l'accompagner, tout ainsi,
» dit-il, que l'éclair précède le tonnerre. Il avait
» accommodé le bandeau sur son front de ma-
» nière à tout voir ; et sitôt qu'il aperçut l'endroit
» où ceci se passait, il s'écria :

» Vive Dieu ! attendu qu'il importe de sou-

» haiter à Dieu la plus longue vie possible, sire,
» en quel lieu voit-on de si belles choses ? est-ce
» sur terre, en paradis, au purgatoire ou dans
» la géhenne ?

» — Tu m'obligeras de me le dire, Chicot,
» reprit le roi ; car le diable m'emporte si je
» le sais ou suis en peine de le savoir.

» — Quel est ce Chicot ? s'enquit la maîtresse
de céans.

» — Un royaliste gascon, répondit Sa Majesté,
» le plus plaisant de mon armée, et non pas le
» moins courageux.

» — Mesdames, fit le petit Chicot, je ne vous
» prouverai onc ma vaillance, sinon à table,
» à moins que ce soient chère de couvent et vin
» de Surêne.

» — Monsieur d'Auvergne, dit le roi, qu'avez-
» vous fait de nos amis ?

» — Sire, ce petit leur a comme de votre
» part annoncé qu'ils eussent à ne vous pas
» attendre, et que vous seriez au camp devant
» eux.

» — Ventresaintgris ! nous ne ferons pas pé-

» nitence de ce qu'ils ne seront pas là; qu'en
» dites-vous, mesdames?

» — Moi, cape de Dieu, dit Chicot, m'est avis
» qu'il faut boire et aimer pour la part des
» absents; c'est à savoir doublement.

» — A qui porterai-je une santé? ma reine,
» fit le roi armé d'un plein verre.

» — A Claudine de Beauvilliers, abbesse de
» Montmartre.

» —Ventresaintgris! Tout à l'heure je fai-
» sais fi du froc et de la guimpe, d'à présent
» je suis content qu'il y ait des religieuses au
monde.

» — Claudine, reprit l'une d'elles, puisque
» vous nous avez trahies, travaillons à faire ou-
» blier qui nous sommes.

» — Sang de bœuf! dit Chicot, serait-ce ici
» votre abbaye? Il me fait plaisir d'être cloîtré
» de cette sorte, et le paradis me duit et me
» séduit en cette vie plus qu'en l'autre.

» — Mesdames, et vous que j'appelle ma
» dame, chapeau bas, dit lors notre sire, ne
» craignez-vous d'être damnées, si vous man-

» gez et buvez (il ne faut parler du reste) avec
» des hérétiques ou fauteurs d'hérésie ?

» — Sire, répondit gentiment madame l'ab-
» besse, nous n'épargnerons rien à votre conver-
» sion, et ce nous sera méritoire là-haut comme
» ici-bas.

» — Mesdames, dis-je, par amour d'une seule
» que sait bien la belle Gabrielle, je suis bon
» catholique romain, et aurais besoin non de
» conversion, mais d'absolution, pour m'ex-
» poser à tel péril amoureux en l'absence de
» madame ma chère maîtresse.

» — Vive Dieu ! Bellegarde, s'écria Henri,
» échauffé par le trop boire, es-tu assez nice
» et simplet pour croire tant de vertu à ta maî-
» tresse, tant sage fût-elle ?

» — Ah! sire, ne lui faites cette injure ; elle
» est si sage que les autres dames ne se peuvent
» comparer à elle sur ce point comme sur
» tous.

» — Si ainsi est, dit madame de Beauvilliers,
» nous ne voudrions pousser au mal un amou-
» reux si exemplaire. Donc au dessert, mon-

» sieur, vous irez en cet oratoire réciter les
» sept Psaumes de la Pénitence pour racheter
» nos péchés. »

» Celle qui m'avait élu pour son cavalier me
» tourna le dos, et durant tout le festin ne m'a-
» dressa soit une parole, soit un regard. Je
» m'offris en hostie à votre intention, et passai
» en un mystérieux cabinet, où j'ai demeuré à
» prier un bien long temps, et avec une si co-
» pieuse dévotion, que je ne m'aperçus qu'après
» de ladite dame, qui dépêchait ses patenôtres
» derrière moi. L'épreuve fut rude à passer, et
» toutefois suis-je certain de n'avoir pas com-
» mis de péché, fût-il véniel. Je me moque de
» l'opinion que j'ai donnée de ma personne :
» *Fais ce que dois*, ai-je pris pour devise d'a-
» mour. Finablement je sortis vainqueur du
» combat de la chair avec la fidélité, et des
» quatre je fus le seul, je vous dis. Nous fûmes
» à la nuit de retour en notre camp, où notre
» absence causait grande perplexité. Ceux-là
» qui nous tenaient compagnie le matin se dé-
» solaient de ne nous pas revoir, et envoyaient

DE GABRIELLE D'ESTRÉES. 289

» des gens pour nous découvrir, le tout en vain.
» Nous avions arrêté entre nous de ne point
» dire d'où nous venions, ouvrant par là le
» champ aux conjectures ; mais M. de Rosny
» ayant demandé au roi comment et pourquoi
» il avait disparu si vitement :

» Mon ami, répondit Sa Majesté, je fie et
» certifie que me voilà demi catholique.

» — Par la barbe de mon aïeul ! répondit
» M. de Rosny, êtes-vous ivre ce soir, que je
» vous vois plus insensé que Chicot ou maître
» La Regnardière ?

» —Ventresaintgris ! les religieuses de Mont-
» martre m'ont prêché de manière à ce que j'y
» revienne !

» — Saint Hippocrate ! dites-vous vrai, sire ?
» s'exclama le docteur Alibour.

» — Ce qui vient de la flûte retourne au tam-
» bour, » conclut Chicot.

» De fait je ne sais ce qui est advenu, si m'en
» doute ; car pour aller de nouveau à l'abbaye
» de Montmartre, ça eût été courir à ma perte
» ou tout au moins m'exposer aux suites de

»mon imprudence. Je m'en abstins pour rai-
» sons; non fit Sa Majesté, qui depuis ce est
» quasi devenue prieur de l'abbaye, sans scan-
» dale d'abord; mais chacun ayant voulu tâter
» des religieuses, la maison de Dieu est changée
» en mauvais clapier, où boire, manger, chan-
» ter, rire, festoyer les commères et ne pas dire
» *Angelus*, c'est la belle vie qu'on y mène. Foin
» de telles orgies ! Oh ! que votre chère et vrai-
» ment chère présence viendrait bien à point
» à un pauvre désespéré d'amour. Le vôtre,

» ROGER DE SAINT-LARRY,
» duc de Bellegarde. »

Cette épître tout emmiellée ne m'en fit pas
accroire, vu que je tenais de bon lieu que
M. de Bellegarde, qui jouait le saint Nitouche
en ses lettres, ne bougeait de l'abbaye, où le
temps se passait en festins, chansons et amourettes. Je pouvais sans doute le payer en même
monnaie, qu'il n'aurait eu à se plaindre; mais
ce dont j'ai honte présentement, je faisais trop
de cas du personnage, et l'aimais tant et tant

que j'excusais ses infidélités aux dépens de l'absence. On a dit que les amoureux sont de leur nature malaisés à expliquer; ce sont les énigmes du sphinx. J'étais en perplexité de savoir lequel je devais aimer de M. le chevalier d'Aumale ou de M. de Bellegarde; certainement je n'aurais pas hésité s'il se fût agi d'élire celui dont j'étais le plus et le mieux aimée.

Cependant le mois de juillet rendit la famine pire, si bien que Saint-Denis se rendit au roi, sans que son exemple profitât à Paris. M. d'Aumale, par ses prières, me fermait la voie du départ, sans quoi je n'aurais pas attendu à cette extrémité, non que pour ma part je pâtisse de la disette, mais j'appréhendais d'en être atteinte; puis l'idée d'un sac de ville m'épouvantait, vous m'entendez bien? L'évènement fut cause que je m'en allai à Cœuvres, ce dont M. d'Aumale fut marri au point de se faire tuer à quelques mois de là.

La misère était, à vrai dire, au plus haut degré; les pauvres surtout, qui avaient livré chiens et chats aux ecclésiastiques pour être nourris quinze jours durant, n'eurent d'autre ressource que de récupérer les peaux de ces animaux, au nombre des sept mille, et cela ne fut pas médiocrement payé; encore les gueux enrageant la faim, se ruèrent avec des bâtons contre les acheteurs de peaux, qui défendirent leur bien. La mêlée fut sanglante, et les larrons eurent la victoire et les peaux. Ce n'est pas tout : ânes, chevaux, chiens, chats, souris, rats et araignées étant mangés, et le secours du duc de Parme ne paraissant, il fallait se rendre ou mourir. Trente mille personnes, tant riches que pauvres, étaient défuntes par la faim ou les maladies. Les plus notables bourgeois furent députés vers M. de Nemours pour demander la paix. Le gouverneur, qui ne se sentait encore de la détresse générale, promit et ne tint pas. La populace, émue par les menaces des Politiques, se rassembla furieusement autour du Palais, criant : « La paix ou du pain ! » Ce fut un déplorable spectacle, ce m'a-t-on dit, que ces faces pâles et amaigries, ces squelettes débiles, et des larmes en tous les yeux. Je ne sortais aucunement de l'hôtel, crainte des émeutes, des voleurs et des hideuses choses à voir par les rues. Je manquais plutôt d'ouïr la messe, et de ce qui se passait j'étais tant seulement informée par Zamet ou M. d'Aumale. Ainsi je sus que les auteurs des cris faits au Palais furent happés et pendus sans forme de procès.

Un jour rentra du dehors notre cher Zamet, le visage austère et l'air mélancolieux.

« Bastien, dis-je, quelle mauvaise nouvelle ?

» — La plus mauvaise, fit-il; dix jours encore sans secours, paix ou trève, aucun ne sera vivant dans Paris.

» — La paix ne tardera guère ; j'entends que plus de quatre mille des plus affamés ont du roi obtenu la sortie de la ville.

» — Qu'est-ce, ma fille, que quatre mille, quand deux cent mille et plus restent à nourrir ?

» — Peut-être Dieu, sinon les ligueurs espagnolisés, sera-t-il touché de notre déplorable sort, et le roi prendra Paris.

» — Notre-Dame ! M. l'ambassadeur d'Espagne et M. le légat ne savent ce que c'est que semblables aliments, plus mortels que le poison!»

Ce disant, il tira de sa poche deux formes de pain; l'un noir ainsi que du charbon, l'autre gris ainsi que de la cendre, mais puant de rage.

» *De profundis!* s'exclama Périnet, *requiescant in pace!*

» — Si ces deux pierres sont du pain, fis-je, la farine a bien changé de couleur et d'odeur au four.

» — Voici de l'ardoise pilée et mêlée à de la terre, du plâtre et de l'avoine, reprit Zamet; encore n'en a pas qui veut de cette invention du cardinal Cajetan, lequel, à son souper, mangea hier un perroquet rôti; de sorte que plus de cent gueux humaient la fumée aux alentours de sa cuisine.

» — Quel est cet autre pain? demandai-je.

» — L'ambassadeur d'Espagne, continua Zamet, en a seul l'honneur; il est fait avec des os de morts mis en poudre!

» — Dieu! grand Dieu! m'écriai-je; en est-il qui aient goûté à ce détestable mets?

» — Beaucoup, dit Zamet; mais ils n'ont qu'avancé leur fin, plus douloureuse cent fois et plus coupable.

» —Ces Pharaons, repartit Périnet, ont l'âme environnée d'une triple airain. Quand viendra un Moïse pour les châtier à force de prodiges ?

» Je donnerais, dit Zamet, bien volontiers plus de vingt mille écus de ma bourse à celui-là, ange, prophète ou sorcier, qui emplirait Paris d'une pluie de sauterelles.

» — Ou qui ferait l'eau de la Seine rouge comme du sang, ajoutai-je par malédiction.

» — Ou qui ferait paraître tout-à-coup, fit Périnet, des bêtes venimeuses, crapauds, lézards, serpents et dragons ! »

Or voici ce qui s'ensuivit.

Le lendemain il me prit une envie d'aller en pèlerinage brûler quelques chandelles devant l'image de Notre-Dame, et, pour cet effet, j'ordonnai à Périnet de me faire la conduite, l'épée au côté, en cas d'accident et de malencontre.

» Madame, dit-il, si vous m'en croyez le

moindrement, vous remettrez votre dévotion.

» — Oui-dà! petit, répondis-je, penses-tu que la très sainte Vierge veuille attendre ma convenance?

«— Mais s'il était périlleux de mettre le pied dehors, madame, serait-ce péché que de dire: à demain?

»— Quoi que tu dises, Périnet, j'ai songé cette nuit que M. de Bellegarde était navré bien vilainement d'un coup d'espadon, et je m'en vais prier Dieu à son égard. »

Périnet n'était appris à me désobéir, et me suivit portant mon missel, mais sans mot dire. Nous n'étions pas hors la rue de la Cerisaie, que de grands cris nous dissuadèrent de passer outre.

« Qu'est-ce cela? m'écriai-je : les royalistes sont-ils déjà maîtres de Paris?

» — Non, mais des faubourgs, répondit Périnet.

» — Pourtant il n'y a bruit de canons ou de mousquetades. »

En effet l'attaque des faubourgs ne commença qu'à la mi-nuit, et tout en même temps furent insultés et emportés. Toutefois les cris persistèrent de plus belle, et ce n'étaient que fugitifs en terreur panique. M. d'Aumale, qui me venait visiter à ces heures, s'étonna de me rencontrer par les rues :

« Çà, madame, dit-il, où allez-vous si matin?

» — A l'église, monsieur, répondis-je; mais ce monde en désarroi m'ôte l'envie d'aller plus loin.

» — Je m'offre à vous conduire et ramener saine et sauve, ma chère dame.

» — Voyez d'abord ce qui en est, et d'où provient le trouble de ces gens. »

Maître Engoulevent, courant et criant comme un beau diable aspergé d'eau bénite, nous reconnut et tira de notre côté :

« Vite, vitement! dit-il, monseigneur et madame, rebroussez chemin : le meilleur et le plus sage est de s'enfermer en sa maison.

» — Pourquoi ce? monsieur le bouffon, interrompit M. d'Aumale.

» — Monseigneur, les rues voisines sont pleines de serpents, crapauds et scorpions; c'est l'ouvrage de la magie et illusion diabolique.

» — C'est plutôt jugement de Dieu, répondit Périnet.

» — Loin de si folles imaginations, maître Engoulevent; seriez-vous vendu aux Politiques?

A ces mots M. d'Aumale dégaîna et s'avança vers le lieu du tumulte; je ne demeurai pas en arrière; mais au détour d'une rue, j'aperçus une femme morte dont la bouche vomissait une vipère à plusieurs têtes.

» Par grâce, monsieur d'Aumale, m'écriai-je, venons en arrière, Paris est une ville maudite.

» — Madame, fit-il, n'ayez peur, je vous supplie : des juifs ou des magiciens ont créé ces fantômes qui ne sont que vapeur et mensonge.

» — Oh! dit Périnet, madame, ne foulez du pied ce vilain scorpion?

» — Adieu, monsieur d'Aumale, repris-je; l'Antechrist est en nos murailles, et ces miracles présagent la fin du monde. »

Je me sentais prête à tomber pâmée ; car des maisons désertes issaient mille animaux horribles, comme aux sept plaies d'Égypte. M. le chevalier d'Aumale, toujours maudissant la sorcellerie et le sorcier, protégea ma retraite en l'hôtel de Zamet, où, sitôt revenue, j'écrivis à M. de Bellegarde qu'il me fît tenir un passe-port.

» J'en adjure la double croix de Lorraine, dit M. d'Aumale, que si vous partez je n'y pourrai survivre.

» — Pour moi, repris-je, au cas que je ne parte demain au plus tard, portez mon deuil, et priez pour mon âme.

» —Donc partez, madame, et que je meure.

La nuit même, comme je l'ai dit, les faubourgs furent conquis à beau bruit d'artillerie, et le roi, qui savait la nouvelle de l'arrivée d'un secours pour les Parisiens, se pressa de pousser le siége en serrant de près les portes. Il eût donné un assaut à ce momet là, que Paris eût été pris pour son heur et celui de tous. Mais s'étant persuadé que d'un jour à l'autre on lui viendrait rendre les clefs, il perdit tout par trop de bonté. Par sa faute la victoire d'Ivry n'aboutit qu'à le leurrer, et la levée du siége faillit ruiner sa cause, quoique juste et bonne. Zamet, déjà royaliste au fin fond du cœur, fut inconsolable de cette adversité.

Les faubourgs enlevés, et l'armée royale s'y étant logée, arriva Rousse, valet de Bellegarde, déguisé en capucin avec fausse barbe.

« Madame, dit-il, voici le passe-port qu'avez mandé.

» — Bien mon fils. M. de Bellegarde ne me joindra-t-il au passage?

» — Non, madame et maîtresse, il vous recommande par instances de ne point arrêter d'ici à Cœuvres, à cause du duc de Parme qui vient de Picardie.

» — Quoi! ne puis-je saluer M. le grand-écuyer au camp du roi?

» — Monseigneur vous prie, madame, de n'en rien faire, pour ménager les moments, et j'ai charge de vous accompagner.

» — Il ne sert de rien, Rousse; va-t-en dire à M. de Bellegarde que je ne suis en peine d'un chevalier plus fidèle et plus servant. »

Rousse ainsi congédié, je fis mes adieux à Zamet, non sans force accolades; et avec Périnet j'allai jusqu'à la porte Saint-Denis, où M. d'Aumale avait fait conduire nos chevaux, de peur que les habitants ne les ravissent de force pour les manger. Ce bon chevalier nous montra la voie que nous devions tenir, et nous dit en larmoyant : « Dieu vous gard'! ma chère dame. »

Pour un peu il eût laissé là son poste à fin de me faire escorte; mais je le raffermis en son devoir par ces mots :

« Monsieur, je ne distingue le ligueur du royaliste mais, seulement le brave du lâche.

» — Madame, vous me boutez du baume au cœur pour jusqu'à ma mort.

» — Je désire que le roi vous ait en son parti.

» — Monseigneur, interrompit Périnet, l'air de Saint-Denis ne vaut rien pour vous! »

M. d'Aumale regarda l'astrologue, puis se résignant, soupira et tourna la tête. Le moment d'ensuite je me trouvai seule avec Périnet par la campagne. Durant la route je ne songeai que par colère à Bellegarde. J'ai su depuis qu'il m'empêcha de passer au camp, jaloux tyrannique, crainte que le roi, fort curieux de me voir, me vît et me fît l'amour.

CHAPITRE VI.

Les maris. — Gabrielle à Cœuvres. — Son père. — Ses sœurs. — Vie de château. — Les correspondances. — Lettre de Zamet. — Succès de la Ligue. — Mayenne et Louis-le-Gros.— Les débiteurs. Envoi. — Lettre d'amour du chevalier d'Aumale. — La toilette et le trône. — La langue de feu. — Explication de ce phénomène. — Retraite du duc de Parme.— Situation de Henri IV. — Le roi et le surintendant — Le moulin. — Sagesse d'un bouffon. — La meunière.— La table.— Le grenier. — Il ne faut pas disputer des goûts. — Le mari mouillé.—La gageure imprévue.— Les souhaits ; l'eau du moulin et l'enfant. — Le meunier cocu et content. — Mauvaise humeur de Bellegarde.—Le différend. — Honneur à la plus belle. — Autre gageure. — Conditions du pari. — L'amant jaloux. — Mission secrète de Rousse. — Ruse inutile. — Départ manqué.— Arrivée d'Annibal d'Estrées.— Les sœurs envieuses.— Étymologie de *Gabrielle.* — Les horoscopes. — La chiromancie. — Le prêtre-capitaine. — Exemples. — La nuit du jour. — Songe. — Mauvais augure. — Promesses d'un royal amant. — Les nouveau-venus. — Le seigneur espagnol. — L'accolade. — Le prisonnier. — Galanterie castillane. — La barbe. — Les deux frères. — Promesses. — Le déjeuner. — Les toast. — Vérité dans le vin. — Agnès Sorel. —Périnet joueur de luth.— Chanson d'Henri IV. — Les chaînes. — Signal du départ. — Conseils de Bellegarde à Gabrielle. — Jalousie et mystère. — Adieux. — Gageure gagnée. — Ce que c'était que le seigneur don Juan.

Je gardais rancune à Bellegarde pour m'avoir éconduite sans me voir, après si cruelle absence; et maintenant que j'en sais le motif, qui était de la jalousie vis-à-vis le roi son maître, je ne pardonne pas davantage à son méchant procédé. Mal lui en advint, car Sa Majesté apprenant que j'avais passé en son camp plus dru qu'une flèche au vol, en voulut à Bellegarde et le menaça d'être son rival, à quoi Bellegarde répondit:

« Sire, voilà le véritable motif qui fait que je vous cèle ma maîtresse, de même qu'il n'est pas prudent de montrer son or aux larrons.

» —Avisez, mon ami, que j'ai la main malheureuse pour fabriquer des cocus.

» — Sire, vous les faites comme Dieu fit Adam, à votre ressemblance. »

La suite témoignera que bien fol est qui se fie à rien.

Lorsque j'arrivai à Cœuvres, mon honoré père était sur son départ pour rejoindre l'armée du roi, après avoir, des deniers de Sa Majesté, rétabli ses équipages et fourni sa maison. M. d'Estrées, qui m'a toujours préférée à mes sœurs, sans raison quelconque, sinon qu'il estime que je suis plus sûrement sa fille que quant aux autres ; M. d'Estrées fut bien aise de me voir revenue. Il me trouva embellie et mieux en chair, ce qui l'étonna eu égard à la famine.

« Dea ! fit-il, ma belle Gabrielle, suis-je bien père d'une si jolie fille ?

» — Monsieur, répondis-je, ce voyage m'a tout-à-fait réussi, et il n'est besoin de jurer que je n'ai pas mangé de pain fait d'os de morts.

» — Ni de viande humaine ? comme cela eut lieu durant le siége.

» — Je ne me serais aperçue de la famine, n'étaient les gueux et les morts qui gisaient sur les fumiers.

» — Par l'armet de saint Quentin ! à quand donc tes noces avec M. de Bellegarde ?

» — A jamais ! mon cher père, et vous ne m'y forcerez quand saurez tout. »

Là-dessus je lui contai tout d'une haleine les infidélités et jalousie de M. de Bellegarde, que néanmoins j'adorais sans refroidissement.

M. d'Estrées me dit d'agir à ma guise, attendu que c'était moi et non pas lui que je marierais, ce dont il se réjouirait fort. Mes sœurs avaient pareillement gagné en beauté, mais non en grâces et gentillesse. Ce n'est qu'à voir le beau monde et les gentilshommes qu'une fille saurait profiter. L'une avait une démarche boiteuse et déplaisante, l'autre portait la tête penchée sur l'épaule droite; Françoise, la plus fine et la plus avenante, avait pris le vilain langage des paysans; en un mot, ces pauvres chères demoiselles se sentaient de la plus bourgeoise éducation. Moi, Dieu merc, le séjour de Paris m'avait refaite, et je n'étais ni plus ni moins bien élevée qu'une noble duchesse. Je ne sonne mot de madame Marguerite de Namps, si hautaine et outrecuidée qu'il ne lui manquait qu'un petit page pour tenir la queue de sa robe. M. d'Estrées étant parti, trois de mes sœurs et moi, ce qui faisait quatre, demeurâmes au château, seules avec Périnet et quelques domestiques. Peu de temps après, notre frère Annibal, alors dans les ordres, nous vint aider à nous ennuyer, car nous menions une triste vie en ce vieux château, si grand qu'il semblait inhabité. Dormir beaucoup, se coucher tôt, se lever tard, faire petite chère, deviser tout le jour, broder et tenir l'aiguille, se promener au jardin, c'était là l'emploi de chaque jour. Le peu d'embonpoint que j'avais apporté de Paris s'en alla tout d'abord avec ma gaieté; le bon Dieu empêcha que ma petite santé me quittât de la même manière. Bellegarde, pour se délasser de ses religieuses de Montmartre, m'écrivait longuement et sans cesse. Mon premier dessein fut de ne répondre à ses lettres; mais la seconde reçue, tout mon gros ressentiment tomba; pour amuser l'oisiveté où j'étais, je ne fus pas plus avare qu'il n'était, de plumes, encre et papier. D'autre part, M. le chevalier d'Aumale et Zamet ne m'oublièrent, et mes correspondances occupèrent un petit mes journées; ce dont mes sœurs furent jalouses, disant:

« Elle écrirait à notre saint père le pape, si elle n'avait vergogne.

» — N'écrivez pas, dit Périnet, le pape Sixte V est mort à cette heure. »

En effet la nouvelle de cette mort me vint le lendemain par une lettre de Zamet, que je citerai d'autant qu'elle est à son honneur.

« Ma belle Gabrielle,

» On se console mal aisément de votre ab-
» sence là où je suis; car ceux-là qui ne vous
» virent qu'une fois aspirent à vous voir encore,
» c'est-à-dire sans cesse. M. le chevalier d'Au-
» male, du chagrin qu'il a, devient maigre et
» pâli comme les pauvres Parisiens au temps de
» la famine, qui, Dieu merci! a pris fin par
» deux convois que Mayenne a fait entrer. Le
» duc de Parme est venu bien à point pour la
» Ligue, qui se fût rendue avec Paris. Je vois
» que désormais le roi de Navarre aura beaucoup
» à faire pour ravoir l'avantage qu'il lâche par
» sa trop démesurée bonté. Le voilà, ce dit-on,
» sans armée et sans finances; car la plupart de
» ses gentilshommes, auxquels il promit de se
» rendre catholique, le quittent à contre cœur,

» ne voulant persévérer au service d'un héréti-
» que. Le Béarnais en cela fait voir médiocre pru-
» dence ; un royaume, m'est avis, si beau qu'est
» la France, ne se peut assez payer avec une
» messe. Je regrette de demeurer neutre, et pour-
» tant je ne puis me mettre du bon parti sans que
» mon bien coure de grands risques. Par saint
» Janvier! je mourrais d'ennui en cas que mes
» beaux écus d'or échussent aux prédicateurs
» espagnolisés. A ce propos, le cardinal Cajetan,
» légat, s'en est retourné à Rome, sur la nou-
» velle que le pape Sixte est décédé du vingt
» septième août dernier. On en a ici allumé de
» beaux feux de joie, comme pour un fauteur
» d'hérétiques. Dieu le tienne en paradis! aussi
» bien il reviendrait sur terre fonder quelque
» autre Ligue. Mayenne, qui est à Paris présen-
» tement, raille sur sa piteuse aventure au châ-
» teau de Cœuvres. « Si onc j'ai en mon pou-
» voir Jean-Pain-Mollet le Navarrois, dit-il, je
» lui réserve un logement en l'étable des pour-
» ceaux, afin qu'il sache la vilenie que c'est. »
» En vérité Mayenne est un bon homme qui

» a de trop son ventre et son ambition. Du reste,
» brave au poil comme à la plume, il me semble
» estimable et honorable, à part de l'Union. Je
» ne désespère point de l'amener à une al-
» liance avec le roi : ce ne sera pas demain
» toutefois.

» Monsieur de Mayenne, lui dis-je hier,
» à quoi tendez-vous en fomentant la Ligue?

» —A m'établir roi de France.

» —Fort bien, mon maître; mais n'êtes-vous
» trop gros pour vous seoir sur un trône?

» —Par mes trois merlettes! comment faisait
» le roi Louis-le-Gros?

» —Oui dà! vous avez raison; quant à la
» table, il suffira de l'échancrer pour y placer
» votre bedaine.

» —Ainsi firent le grand Barberousse et le
» chancelier Duprat. »

» J'imagine que M. de Mayenne souhaite la
» couronne afin de payer ses dettes et de faire
» la meilleure cuisine possible. Pour ma part il
» me doit plus qu'il ne me rendra, et je dois à
» cette dette salvatrice de ne point être accusé

» comme Politique. Ainsi que je m'intitule, je
» suis seigneur suzerain de dix-sept cent mille
» écus, et ce titre m'agrée plus que d'autres de
» comte ou de duc. L'argent, n'est-ce point
noblesse, puisque de ce métal précieux on ac-
» quiert des terres et des fiefs? Ce m'est du moins
» un moyen de faire de mes amis mes obligés,
» et sachant combien le Béarnais est pauvre, je
» m'indigne de n'avoir encore financé pour lui.
» Sur ce, belle des belles, s'il vous plaisait avoir
» quelques affiquets de femme, bagues, col-
» liers, bracelets en or, et pierreries, vous n'a-
» vez qu'à dire, je me réjouirai de vous conten-
» ter pour si peu. Je vous aime à force comme
» aussi votre Bellegarde, qui fera plutôt un bon
» ami qu'un bon époux. Je vous invite à y re-
» garder : le cas vous intéresse au plus haut
» point. Pour terminer, je vous donne un mil-
» lion de fine fleur d'accolades.

» Votre ami,
» BASTIEN ZAMET,
» Seigneur de dix-sept cent mille écus. »

Cette lettre reçue, je la montrai aux demoiselles mes sœurs, qui me conseillèrent bien,

pour en tirer leur part, de mander à Zamet toute la boutique et marchandises d'un orfèvre. Je n'en eus pas le loisir, car M. d'Aumale me fit tenir le beau carrosse et l'attelage qu'il m'avait offerts si galamment ; et dedans le dit carrosse, étoffes, velours, pierreries, et foison du reste. En surplus, une lettre d'amour qui vaut la peine d'être retenue en mémoire.

« Mon tout, vous dire que je vous aime et
» combien, ce serait temps et soins perdus, car
» Dieu sait si vous lirez la présente jusqu'au
» bout ! Adonc je la ferai courte, comme doit
» être ma vie, vous loin de moi. Que si j'étais
» votre valet, je me tiendrais pour bien heu-
» reux et de ma chance satisfait. Mais l'honneur
» me semonce de ne point délaisser la sainte
» Union. C'est vous dire que pour tout accom-
» moder, amour et devoir, je m'en vais mourir
» à la première occasion. En attendant, je vous
» baise de désespoir et vous prie de penser à
» moi lorsque je serai au tombeau.

» Celui qui sèche de trop aimer,
  » Votre chevalier D'AUMALE. »

Je fus marrie du tourment dont j'étais cause, et je récrivis à M. d'Aumale qu'il voulût bien vivre autant que je l'en conviais pour ma part. Je n'avais pas moins de chagrin de la pauvre vie que je conduisais au château de Cœuvres. Le moyen de faire servir mon carrosse, parures et ornements ! Quelquefois, retirée en ma chambre, je montrais au miroir les beaux accoutrements de duchesse que je possédais, ainsi qu'un avare son trésor tant plus le miroir me disait que c'était merveille de me voir, tant plus je regrettais de n'être vue que de mes sœurs, qui récitaient les litanies de la jalousie. Un jour Périnet m'admirant en ces riches atours, se prit à dire : « Madame, c'est grand dommage que votre trône ne soit ici ! »

Voilà comme les jours s'écoulaient mal employés, et partant fort lentement. « Ah, vraiment ! disais-je, ce n'est pas de cette sorte qu'on a accoutumé de vivre à Paris, voire même en état de siége. »

En somme, j'allais, pour me récréer, revenir chez Zamet, et par là réconforter M. le chevalier d'Aumale. Mais le hasard en ordonna contrairement. Ce qui se passa en ce temps à mon sujet dedans le camp du roi, dont l'amour pour moi eut lors commencement, a depuis été raconté tant et de tant de sortes, que je veux rétablir les choses en toute vérité. Je n'y étais, et ne suis tenue de dire mon avis ; donc je jetterai loin les détails que m'en écrivit Bellegarde pour me dissuader d'aimer Sa Majesté, qui, de la première vue, m'aima moult amoureusement. Je suivrai en tout le récit que maintefois ce bon prince m'a fait, joyeux de ce ressouvenir. Je n'omettrai de rapporter que le soir même où ceci arriva, je pleurais tout bas contre la cheminée et regardant la flamme danser. J'eus soudainement une vision, tout éveillée que je fusse. Du foyer se détacha une langue de feu comme il en apparut sur le chef des apôtres au jour de la Pentecôte ; et ladite flamme, raide ainsi qu'un trait d'arbalète, se vint ficher en mon cœur, qu'elle brûlait tout au vif. Je contai aussitôt cette vision à Périnet qui, branlant la tête, dit :

« Ma chère dame, j'entends par ce signe que vous aimerez nouvellement, et déjà le dieu Cupidon a lancé le dard qui vous doit férir.

» — Oh! non, répondis-je, je ne trahirai ma foi promise à Bellegarde ; et si le cas échoit, M. d'Aumale, que jà d'amitié j'aime si très fort, ne me laissera pourvoir ailleurs d'un amoureux.

» — J'interprète encore par cette vision que ce sera un amour de haut lieu et qui viendra vous ardre à l'improviste.

» — Dieu fasse que ce soit plus volontiers la grâce inspiratrice du Saint-Esprit. »

C'était pendant la retraite du duc de Parme, lequel ayant délivré Paris du siége et de la famine, remmenait son armée sous la poursuite quotidienne du roi, et préférait voir insulter son arrière-garde que d'accepter la bataille. M. d'Estrées, qui pour cet objet tenait la Picardie avec M. le duc de Longueville, a fait de grands éloges de M. le duc de Parme, plus habile homme de guerre que personne au monde. Sa Majesté ne réussit pas à l'engager en une action considérable ; ce qu'il recherchait plus que tout, voyant l'hiver proche, son coffre vide et son armée en désertion par découragement, car beaucoup, et surtout les étrangers, Suisses, Anglais et lansquenets avaient compté sur la prise et le pillage de Paris. Bien des gentilshommes y comptaient aussi pour solder leurs gens, comme eux n'ayant ni sou ni maille. Quelques uns des chefs, entre autres M. de Montpensier, avaient quitté la partie d'après le conseil de leurs confesseurs. Cependant le roi, se fiant en sa bonne cause et à son épée, ne s'étonnait ni ne perdait courage, mais par sa gaieté en redonnait aux siens, qui souvent n'avaient de quoi cuire ou frire. Il harcelait et maltraitait les Espagnols, qui d'une escarmouche n'allaient point jusqu'à un combat, sinon vers la route de Marle, où il y eut des morts en bon nombre ; l'avantage demeura au roi Henri. De là il s'en alla camper près d'Attichy, et ses troupes manquant de vivres se répandirent aux villages et lieux voisins, au risque d'être surprises par l'ennemi ; et le roi lui-même, avec Bellegarde et Chicot, qui ne s'éloignaient de lui non plus que son ombre, s'aventura aussi à la curée, car il n'était guère mieux en espèces que ses lansquenets; et il m'a conté qu'un certain jour il n'eût pas dîné, si M. d'O, son surintendant des finances, ne l'avait invité à sa table, de fort mauvaise humeur, comme honteux d'être mieux traité que son roi.

Donc le roi, Bellegarde et Chicot, les entrailles criant de malefaim, allèrent droit à un moulin ombragé de saules le long d'une petite rivière; ce qui fit que les soldats n'avaient pris les devants. Le roi, en ce temps comme aujourd'hui, faisait défense à ses courtisans de l'appeler sire, mais seulement Henri. En ce moulin ils ne trouvèrent personne d'abord, l'huis encore ouvert annonçant que le meunier ne les avait attendus.

« Ventresaintgris! dit Sa Majesté, messieurs mes sujets ont donc grand'peur du roi, qu'ils se livrent de meilleur cœur aux Espagnols et ligueurs qui se soucient peu de leur ruine.

» — Le roi, répondit Chicot, ferait bien de

ne courir après le peuple, ce chien de Jean Nivelle qui s'enfuit quand on l'appelle : les Français ne seraient pas un an la proie des vautours de l'Union, lesquels ne sont pas des aigles, qu'ils redemanderaient un roi, fût-il plus huguenot que vous n'êtes.

» — L'année prochaine, tout sera fait, reprit Henri.

» — Cap dé Diou! dit Chicot, quand vous viendrez au-dessus de vos affaires, vous aurez à châtier moines et prêtres.

» — Le plus pressé, fit Bellegarde, est d'avoir à paître pour aujourd'hui, et nous serons malheurés si dans le logis d'un meunier il n'est ni pain ni farine. »

Ce disant il courut à la huche, et l'ouvrant, au lieu de pain cuit y trouva la meunière, tremblante d'être mise à mal.

« Mes bons seigneurs, dit-elle à mains jointes, merci pour Dieu!

» — Holà ! répondit Bellegarde, bonne femme, avise à nous bien nourrir, et encore seras-tu contente de nous.

» — Oui, cadédis! reprit Chicot, nous te ferons place en nos prières.

» — Vive Dieu! dit le roi, la dame du logis m'affriande par sa bonne mine, et je veux lui baiser la bouche en signe de paix. »

Sitôt dit, sitôt fait; et la meunière, sans faire résistance, se recommanda de son mari, qui, voyant des gens d'armes venir à son moulin, s'était caché dedans la saussaie. « Ventresaint-gris! ma commère, fit le roi, prenant goût au jeu d'embrassade, votre meunier reste où il est, on n'enlèvera son moulin, et à ce je mettrai ordre. »

Voici que des soldats alléchés par la vue du moulin, allèrent en la basse-cour tuer coqs et gélines; le roi les éloigna par ces mots : » Mes amis, ce moulin et ce qu'il enferme est sous ma sauvegarde; tirez donc ailleurs : le plus vite parti sera le plus prudent, car ici les pillards me sembleront tous Espagnols. » La meunière remercia grossement monseigneur le capitaine, comme elle désignait le roi; mais il se paya de son service par un baiser si bien donné, si bien reçu aussi, que l'eau en vint au bec de Bellegarde. Ce pendant la table fut mise et servie d'œufs, de beurre, de lait et de pain frais. Henri se sentant en belle humeur, demanda du vin et força la meunière de se placer auprès de lui ; elle ne dit pas non pour goûter à son vin, duquel au moulin l'on ne buvait qu'aux fêtes et anniversaires. De la panse vient la danse, suivant le proverbe favori de maître Guillaume. Durant le repas, animé des saillies de Chicot et des baisers du roi à sa meunière, icelle, par compassion, dit en soupirant :

« Que n'est-il là, mon pauvre époux, au lieu de transir et geler dedans l'eau.

» — Cadédis ! s'écria Chicot, le bain est froid par la saison, et pour en prendre j'attendrai que je sois devenu poisson.

» — Ce brave homme, dit le roi, je l'aime jà sans le connaître, et serais bien aise qu'il fût notre convive.

» — Je m'en vais, reprit la meunière, lui faire signe par la fenêtre du grenier qu'il vienne au plus tôt et sans rien appréhender.

» — Tenez-vous pour certain, remarqua Sa Majesté, que de la fenêtre votre voix ira jusqu'à icelui?

» — Par ma fi! vous le verriez lever le chef hors de l'eau, puis sortir mouillé et grelottant.

» — Je serai content de voir cela, et plus que tout, l'air morfondu qu'il aura.

» — S'il ne tient qu'à si peu de chose pour vous rendre content, je vous prie de venir seulement au grenier.

» — Vive Dieu! nous verrons bien. »

Les joyeux rires de Chicot et de Bellegarde ne donnèrent pas à penser à la meunière, qui fut suivie du roi par les montées.

« La femelle, dit Chicot, est de sa nature alerte et fringante, cadédis! le roi la mènera l'amble et le galop.

» — Fi! répondit Bellegarde, ce sont friands morceaux de manants que ses pareilles.

» — Cap dé Diou! la meunière est d'aussi bonne et pure farine qu'aucune de la cour; suffit qu'elle soit bien vêtue et ornée pour qu'elle soit digne d'un roi comme d'un pape.

» — Fi! vous dis-je, il n'est point assez de senteurs en la ville de Paris pour la rendre propre et nette.

» — Laissez l'eau couler à la rivière, monseigneur de Bellegarde; ce n'est pas à votre usage que tourne la roue du moulin. »

Ils se piquèrent sur ce sujet et autres, jusqu'à ce que revinssent d'en haut Henri et la meunière, moitié riante, moitié honteuse?

» Cadédis! se récria Chicot, le meunier est donc sourd et aveugle, qu'êtes si long-temps demeurés à l'appeler et lui faire signe.

» — Le bonhomme n'a rien vu ni entendu, reprit le roi.

» — Le mari, conclut Bellegarde, est d'à présent rebaptisé.

» — Mon avis est, repartit Chicot, que vous allez recommencer le jeu, et de plus belle.

» — Nenni, dit la meunière; il en serait de même.

» —C'est ce qui me plaît, » redit Sa Majesté.

Toutefois ils retournèrent à table et jouèrent des dents et des mâchoires, lorsqu'entra le meunier, suant l'eau de quoi faire aller le moulin, et demi mort de froid. Il recula trois pas en arrière de voir sa femme en bombance avec trois officiers de l'armée royale.

» Viens çà, dit la meunière, mon petit veau; mets bas ta peur et tes chausses; ces seigneurs ne m'ont pas fait de mal, ils ne t'en feront davantage.

» — Morgué! reprit-il, je n'étais guère à la noce en cette eau glacée, femme; que ne me rappelais-tu?

» — Oui-dà! j'ai monté exprès pour ce en notre grenier; mais tu ne voulais voir, quoi que je fisse.

» — C'est se gausser de nous; à si peu de distance on peut ouïr parler bas.

» — Je n'en aurai le démenti; va-t'en avec ces gentilshommes à la place où tu étais, non plus cette fois dedans l'eau; ce pendant qu'en compagnie de messire le capitaine j'irai à ce même endroit, où j'étais quand je te faisais signe. »

La gageure acceptée, Chicot et Bellegarde

emmenèrent bien loin de là le pauvre meunier, et le roi trouva le temps qu'il fallait pour ses amours. Finablement la meunière se montrant à la fenêtre, cria d'une voix claire :

« Mon mari, depuis que je vous appelle, n'oyez-vous point?...

»— Seigneur Dieu! répondit le meunier, ces messieurs et moi nous avons beau ouvrir les oreilles, et n'entendons que le cri du coucou en ce bois-là. »

C'était une comédie divertissante et dont le roi ne fut pas le moins réjoui : le meunier s'ébahissait grandement de n'avoir ouï qu'une fois seulement la voix de sa femme, qui disait avoir perdu haleine tant elle criait. La journée se passa presqu'en ces gaudisseries, et le roi ayant payé son écot en pièces d'or, le meunier ébloui de si grosse somme en eut quasi le cerveau brouillé.

« Mon ami, dit le bon Henri, as-tu quelque souhait à faire, qui soit en mon pouvoir?

»— Monseigneur, répondit le meunier, je

ne désire rien, sinon qu'il y ait toujours en ce ruisselet assez d'eau pour faire tourner mon moulin.

» — Quant à moi, reprit la meunière, je serai plus aise encore si j'ai un petit fillot.

» — Mon ami, dit le roi, je vous octroie en pur don ce ruisseau depuis sa source, et ensemble tous les prés et champs qu'il traverse.

» — Par saint Quentin ! s'écria le meunier, qui donc êtes-vous, sire, à moins d'être le digne roi Henri ?

» — En ce cas, sire, continua la meunière, j'ai bonne fiance en votre royauté pour mon souhait de tout à l'heure. »

Le roi quitta ces bonnes gens, émerveillés de façon qu'ils crièrent à l'unisson : « *Vive le roi.* » Cette meunière, toute meunière qu'elle était, plaisait singulièrement à Sa Majesté, et de telle sorte qu'il séjourna trois jours durant au voisinage du moulin, et perdit la trace du duc de Parme. Bellegarde, qui dans l'attente d'une bataille ou d'une marche forcée n'avait osé prendre quelques heures pour venir d'Attichy à Cœuvres visiter sa maîtresse, qu'il n'avait vue depuis tantôt une année, laquelle est faite de douze mois, chaque mois de trente jours, et chaque jour de vingt-quatre heures ; à ce compte, l'absence est insupportable en amour; Bellegarde avait la charge d'accompagner le roi au moulin et de l'escorter encore au retour, bel et bien enfariné. Le troisième jour, vers le soir, Bellegarde, ennuyé d'avoir attendu plus tard que d'ordinaire, et marri de s'en aller sans m'avoir été saluer, lâcha la bonde à son mécontentement.

« Sire, ce pendant qu'entretenez tranquillement votre meunière sans plus songer aux Espagnols, je me trouverais bien auprès de madame ma maîtresse.

» — Ventresaintgris, je t'approuve, Bellegarde, et ne t'en empêcherais.

» — Je vous voyais si acharné à escarmoucher et inquiéter le duc de Parme, que je me suis fait faute de voir ma mie pour n'être absent de mon poste à la bataille.

» — Vrai Dieu! mon ami, votre maîtresse est

donc bien méprisable et de médiocre valeur, que si petits obstacles vous arrêtent.

» — Sire, vous ne pensez ce que vous dites; car l'amour ne doit l'emporter sur l'honneur.

» — Vous êtes bien dur en vos principes, monsieur de Bellegarde, et je prie Dieu que vos actions ne démentent onc vos paroles.

» — Sire, ce que je dis n'est pas à votre adresse, n'était qu'on vous peut réprimander de trop négliger vos intérêts au profit de vos plaisirs.

» — Finablement, Bellegarde, votre dame, dont vous m'avez tant rebattu les oreilles, est-elle aussi miraculeusement belle qu'on la dit?

» — En cette matière les louanges restent bien au-dessous du vrai.

» — Ventresaintgris, je me fais une fête par avance de l'admirer face à face.

» — Vous la verrez, sire, à votre cour, quand j'en aurai fait une duchesse de Bellegarde.

» — Mon ami, dites-moi sans feintise si elle

égale en beauté corporelle, yeux, bouche, cheveux, couleur, tétin...

» — Quelle? s'il vous plaît.

» — La meunière ma mie.

» — Par la morbieu! sire, j'aurais vergogne d'établir si incohérente comparaison.

» — Hé! mon maître, ne vous abusez, notre meunière ne vaut pas ce dédain.

» — Je n'ai pas cette pensée, sire, mais elles diffèrent autant qu'une mortelle d'une déesse.

» — Composons, Bellegarde; ta mie est plus gracieuse, plus avenante, plus fine en langue et en corsage; mais quant à ce qui est des traits du visage et des formes de la personne, la pomme est de droit à la meunière.

» — Sire, cessez tel blasphème; car pour vrai, entre elles deux la distance est de plus de cent lieues.

» — Soit, je ne connais ta gente mie, et suis partant de ton avis, sauf un meilleur.

» — Sire, vous pouvez me croire en sûreté de conscience.

—» Malgré ce, à la mode des anciens chevaliers de la Table-Ronde, je voudrais soutenir envers et contre tous que ma mie l'emporte sur toutes autres en majesté et en dignité.

» — Le débat toutefois ne viendrait à l'honneur de la meunière.

» — Néanmoins je vous porte défi, monsieur de Bellegarde.

» — Je le tiens, sire, et vous déclare artisan de votre défaite. »

Chicot survint, qui n'accommoda pas le différent; et le roi excité, moins par obstination que par envie de ce qui en était de la *belle Gabrielle*, proposa de parier un de ses gros diamants que j'étais inférieure à sa meunière. Chicot s'offrit pour juge en cette affaire difficile, et Bellegarde, poussé à bout, consentit de soutenir le pari contre toute sa fortune.

« Je ne veux vous réduire à l'hôpital, monsieur Bellegarde, dit le roi, mais vous prouver votre extrême outrecuidance.

» — Le gage du pari ne peut être moindre de mon côté, répondit Bellegarde, et je suis riche assez pour vous payer le prix du diamant en cas que je sois vaincu; ce qui me semble malaisé.

» — Par ainsi Chicot jugera sans appel entre nous et vous: promettez d'avoir foi en son jugement.

» — Comme vous, sire; car je m'en rapporte seulement à mon bon droit.

» — Donc, sans plus perdre nos paroles, rendons-nous à Cœuvres, où le procès doit s'appointer.

» — Non pas ce soir, je vous prie, sire, mais à demain.

» — Sang de Gascogne! se récria Chicot, voici que M. de Bellegarde se récuse.

» — Non, certes, pour l'honneur de ma mie! dit Bellegarde; mais n'est-ce pas heure indue pour visiter les dames? Quant au danger, il est pire la nuit, où l'on ne le peut voir ni prévoir.

» — A demain donc, maître jaloux, et déshonneur à qui se dédira.

» — Un mot encore, sire: comme il n'importe à la gageure que vous dérobiez ma mie, ce que je crains, jurez de ne séjourner à Cœuvres que le temps d'apprécier par vos yeux la beauté incomparable de Gabrielle.

» — Je ne vois d'inconvénient, mon ami, à voir plus ou moins cette belle; car l'amour provient plus volontiers du premier regard que d'une longue connaissance.

» — En outre, je vous demande par serment de ne vous pas nommer devant elle, voire même de vous déguiser.

» — Pour te plaire, ventresaintgris, faudrait-il que je m'ensoufrasse comme un beau diable, ou bien que je jouasse l'aveugle ou le cul-de-jatte?

» — Sire, dit Chicot, la gageure n'étant que relative à la beauté des deux dames, M. de Bellegarde, d'après les us et coutumes de la chevalerie, peut exiger de vous toutes ces choses et bien d'autres encore.

» — Vive Dieu! la chevalerie est un peu bien impertinente, et Bellegarde me tient rigueur. Pourtant je promets tout, foi de gentilhomme. »

A peine furent-ils de retour au camp, ayant fixé leur voyage au jour de demain, Bellegarde, inquiet de sa gageure, et se souvenant qu'au dire d'un astrologue, son étoile était la très humble servante de celle du roi, imagina de me soustraire à la vue de Henri; non pas qu'il eût peur de la comparaison à faire entre la meunière et moi ; mais il m'aimait par jalousie et par orgueil autant que je l'aimais par amour. Ce fut une vilaine et une déloyale action de vouloir annihiler le pari. Il s'y prit de cette façon : il m'écrivit une belle lettre pleine de protestations de tendresse pour me prier d'aller le même soir à Soissons, où madame de Sourdis, ma tante, était en peine de me voir et entretenir d'emblée pour une affaire secrète ; il ordonna tout de suite à Rousse de chevaucher jusqu'à Cœuvres et de me rendre cette épître avec prière d'y avoir égard. Ces beaux détails m'ont été contés depuis. Rousse fit sa commission sans me pouvoir dire le motif de cette lettre. Je ne vis aucune malice en ceci, et je pensai que madame ma tante se sentait malade ou avait de méchantes nouvelles à m'apprendre. Je fis donc préparer mon carrosse, et dis à Périnet :

« Petit, nous allons à Soissons.

» — Nenni, madame, me répondit-il.

» — Il ne faut pas dire non, mon ami, la voiture est tantôt prête.

» — Oui bien, mais vous ne partirez, je vous jure.

» — Quoi ! ce soir, les astres sont-ils conraires et les influences malignes ?

» — Je ne sais, mais ce voyage remis, j'ai le sentiment qu'il ne se fera point. »

Sur ces entrefaites on me vint avertir que M. Annibal mon frère arrivait. Je ne l'avais vu depuis qu'il était dans les ordres, et je fus bien réjouie de sa venue qui empêchait ma départie; d'ailleurs je n'agissais onc à l'encontre de Périnet, plus devin encore qu'astrologue. « Voilà qu'il est nuit présentement, dis-je à part moi, les chemins sont mauvais et hasardeux, il fera jour demain pour partir ; aussi bien monsieur mon frère m'en voudrait de répondre à son bonjour par un adieu. »

Je demeurai donc à souper avec mes sœurs et mon frère, qui était bon chrétien et peu cagot, comme il est encore.

« Gabrielle, ce dit-il, à quand ton mariage avec Bellegarde ?

» — Mon cher frère, répondis-je, la sotte question dont on me fatigue, comme si j'étais la seule femme et M. de Bellegarde le seul mari au monde!

» — Ce que j'en dis, petite, n'est pour te chagriner, tant s'en faut ; le grand-écuyer de France n'est pas une alliance commune dont on fasse fi.

» — Vous connaissez mal notre sœur, reprit Julienne, elle penserait honorer le roi que de lui octroyer sa main.

» — Certes, m'écriai-je: c'est le moyen de se faire honorer que de soi-même s'honorer aux yeux de tous.

» — Pour ma part, dit Françoise en moquant, je remercie le bon Dieu et mon père de m'avoir fait sœur cadette d'une reine ou d'une papesse.

» — Ne riez, mesdemoiselles, reprit Périnet, Gabrielle signifie *force de Dieu* en langage hébraïque, et à la force de Dieu tout est possible. »

Ces mots donnèrent sujet à des moqueries dures et injustes que notre frère arrêta en colère.

« Mesdames mes sœurs, dit-il, vous avez beau faire et dire, Gabrielle quelque jour montera fort haut en honneur et puissance.

» — Vraiment, reprit Françoise, que s'il était besoin d'une autre Pucelle d'Orléans, notre sœur jouerait ce rôle comme de cire.

» — Nenni, poursuivit Julienne; que si le Béarnais devenait insensé comme le roi Charles VI, Odette, la petite reine, serait bien et duement remplacée par notre sœur.

» — Fi! mes sœurs, dit à son tour Diane, piquante comme hérisson, Gabrielle épousera ni plus ni moins en bonne polygamie de Mahomet, MM. de Bellegarde, le chevalier d'Aumale, le seigneur Zamet et le reste.

« — Quant à ce qui est de vous, mes sœurs débonnaires, répondis-je, que si je fusse fée ou bien magicienne, je vous rendrais par métamorphoses pies ou perroquets.

» — En ce cas, repartit Françoise, vous nous la donneriez belle à répéter ceci et autre chose.

» — Montrez votre main, dit Périnet; par chiromancie, je vous apprendrai ce qui vous duira, madame et maîtresse.

» — Çà, dis-je, Périnet, voyons si ma main sera de même opinion que ces demoiselles.

» — Madame, reprit Périnet, ci est la ligne de fortune très bien distincte, et laquelle se joint à la ligne d'amour avisez cette double trace réunie par le bas en forme de croissant, voire même de couronne...

» — Assez, interrompis-je; j'entrevois de quoi faire mes sœurs toutes confuses et désespérées.

» — Oui dà! maître Périnet, reprit mon frère, vous avez l'air d'un gros savant, et veux expérimenter votre savoir faire.

» —Que verra-t-on au creux de votre main, mon frère, m'écriai-je, sinon que vous serez, et bientôt, évêque?

» —Peut-être, fit Périnet; mais par ces lignes je prévois que messire Annibal fera un illustre capitaine.

» —Te moques-tu, mon fils? dit mon frère, montrant sa robe ecclésiastique; fais-moi évêque, pape s'il te plaît, c'est bon; mais pour capitaine, je t'en défie, si grande que soit ta science.

» —Oui, monseigneur, persista l'astrologue, je sais nombre d'évêques et de papes qui portèrent la cuirasse, et dans la *Vie de Gargantua* de maître François Rabelais, par exemple, le frère Jean des Entommeures n'est-il pas un beau et vaillant chef d'armée?

» —Trêve de gaillardise, fit mon frère: d'un prêtre on ne fera pas un soldat ainsi que d'une pucelle une femme.

» —Voyez-vous pas, dit Françoise, que Périnet a pris la main gauche pour la dextre? »

Les rires et les lardons durèrent plus que le

feu de sarment dedans la cheminée, et l'entretien cessant de guerre lasse, chacun s'alla coucher de son côté et dormir s'il fut possible. Pour ma part, j'étais en une violente agitation, qui durant le sommeil produisit un singulier rêve. Je prie Dieu qu'il ne s'accomplisse. Il me sembla que je me retrouvais seule au même endroit de la forêt de Fontainebleau où m'apparut le *Grand-Veneur* en mon enfance; je commençai de pleurer et regarder de çà, de là, si personne ne viendrait à mon aide. Tout soudain je me vis environnée d'une nombreuse et brillante cour de dames et de gentilshommes ; moi-même revêtue de riches habillements tissus d'or et de diamants, qui me faisaient reluire comme un soleil ; je portais en tête un diadème royal qui, à mon grand déplaisir, paraissait prêt à s'envoler au vent. Ce pendant que je recevais les hommages de tout le monde, et aussi de mes sœurs prosternées à mes pieds, il se fit dans la forêt un bruit de cors, de chiens, de chevaux, de piqueurs, de cris ; je faillis de peur choir à bas de mon trône, quand de la feuillée, comme la première fois, saillit l'homme noir, plus laid et plus difforme. Je lui voulus tendre les mains à la prière ; mais de sa voix de tonnerre il cria : « *Amende-toi !* » et tous les échos répétèrent d'une horrible manière : *Amende-toi !* Ce disant, il leva sa cognée, et du coup brisa la couronne en éclats. Puis après ce beau chef-d'œuvre, il s'abîma en un gouffre d'où les flammes sortirent comme d'un soupirail d'enfer. Dames et gentilshommes, tout avait aussi disparu, et dans le temps que je m'enfuyais par les halliers, un gros serpent jaune et vert s'élança d'un buisson contre moi avec une langue flambante dont il me brûla le cœur. Sitôt après un froid me courut par les veines, et j'étais quasi morte quand je m'éveillai en sursaut, ouvrant les yeux et touchant mon corps afin de mieux juger que je vivais pour tout de bon. Ce songe, plus effroyable que je ne saurais dire, s'est fiché en ma mémoire depuis lors, et je n'osai le conter qu'à Périnet, qui ne put refréner ses larmes ; il me supplia de l'oublier comme l'œuvre du démon, et surtout en ces derniers temps. J'ai narré tout au long ce vilain rêve à Henri, qui m'a répondu pour m'assurer : « Or çà, ma mie, ne vous souciez de ces sottises; la couronne que je vous donnerai sera de si bon or qu'elle ne rompra comme verre; pour ce qui est du serpent, je n'en vois guère, sinon parmi la cour. Nous vous en garderons, foi de gentilhomme! ainsi que disait mon aïeul le roi François Ier. »

Le lendemain de ce maudit songe, de grand matin, avant que je fusse consolée de mon chagrin, on vint m'avertir que M. de Bellegarde, avec deux gentilshommes, était entré au château et sollicitait ma présence. « Bellegarde! m'écriai-je ; mais je l'aimerais mieux venu tout seul. »

Ma sœur Françoise, qui faisait l'office d'espie, avait la première avisé les arrivans; elle me dit :

« Gabrielle, M. de Bellegarde a deux compagnons que je n'ai onc vus; ce ne sont des écuyers ou domestiques, ils ont trop bon air pour n'être de haut rang. L'un, de médiocre stature, chargé d'embonpoint, avec une face grimaçante, porte en toute sa personne et ses habits le signe patent qu'il est de l'armée royale; l'autre est grand, maigre, gris de poil, haut en couleur, et remarquable par son nez proéminent et ses yeux hardis; sans autre armes qu'une épée, et vêtu à l'espagnol.

» — Françoise, dis-je, il ne manque rien à leur pourtraiture; mais d'où vient que tu as omis de t'enquérir de leurs noms, âges et qualités ?

» — J'ai pensé que M. de Bellegarde ne vous célerait ces choses et bien d'autres.

» — Toi qui découvrirais une aiguille en une botte de foin, as-tu remarqué si la guerre n'a pas vieilli M. de Bellegarde ?

» — Nenni, car il a le teint fleuri et la couleur vermeillette. Néanmoins son visage est mécontent et son air soucieux. »

Je me hâtai d'aller voir ce qui en était, et de fait Bellegarde me baisa fort modérément et sans transports de joie, comme il devait après si longue demeurée. Mais à peine il cessait l'accolade, que l'Espagnol inconnu, sans attendre mon bon plaisir ni le demander, m'embrassa tout cordialement.

« Monsieur, criai-je, revenue de cette méprise.

» — Madame, reprit le plus petit des trois, qui était Chicot, ne vous piquez de cette honnêteté espagnole ; ce seigneur n'est pas encore bien appris aux usages de France.

» — Ventredieu ! s'écria Bellegarde tout pâle et la langue empêchée, foin de la politesse ! je ne sache pas de pays au monde où tout d'abord on accole les femmes et les filles. »

A cela, le Don castillan ne répondait, et persévérait à m'arregarder sans quitter les yeux de dessus moi :

« Monsieur de Bellegarde, excusez ce seigneur qui n'y a point entendu de malice, et pardonnez-lui comme je lui pardonne.

» — Madame, dit Chicot, ce seigneur espagnol est notre prisonnier à rançon ; il s'est rendu à nous à l'escarmouche du chemin de Marle, et demain, sa rançon payée, il s'en ira rejoindre l'armée de M. le duc de Parme.

» — C'est pourquoi, reprit M. de Bellegarde, mon avis est de partir sans débotter; car le seigneur Don Juan doit ronger son frein de n'être pas à son poste l'épée au poing.

» — Monsieur Bellegarde, repartit Don Juan, je n'ai pas accoutumé de me plaindre en si bonne compagnie; et pour servir le roi mon maître je ne veux quitter le service des dames.

» — Cadédis! se récria Chicot, le seigneur Don Juan est passé maître en courtoisie; d'ailleurs il ne faudrait pas moins d'un cas urgent pour nous éconduire sitôt.

» — Messieurs, dis-je, quelque affaire qui vous presse, vous ferez collation avant que de départir; je vous en prie, ainsi fera M. de Bellegarde.

» — Ma belle dame, répondit Don Juan, pour la première fois je me réjouis de parler et comprendre la langue française, puisque céans j'ai ouï tant douce voix; et je répondrai à votre gracieuseté que le plus heureux moment de ma vie sera icelui où je vous vois.

» —Cap dé Diou! dit Chicot; les Dons espagnols ont belle renommée de galanterie, mais le seigneur Don Juan veut outrepasser ceux de sa nation.

» — Messire Don Juan, interrompit Bellegarde, ayez souvenance de la meunière.

» — Madame, fit Don Juan avec exaltation, que si un malavisé, noble ou vilain, roi ou chevalier, s'aventure à dire qu'une femme ou fille vous passe en beauté, grâces ou aménité, je le déclare faux, déloyal et menteur; et le prouverai autrement qu'en paroles.

» — Ne vous échauffez, seigneur, repartit Bellegarde, de peur de vous enrhumer. S'il m'en souvient pourtant, vous parliez tantôt d'un autre style.

» — J'étais aveuglé, je le confesse; madame, d'un regard de sa beauté m'a fait voir clair et m'a rendu la visière plus nette.

» — Monsieur mon prisonnier, n'oubliez, s'il se peut, nos conditions. »

Durant ce propos, mesdames mes sœurs, qui avaient eu le loisir de s'atourner et accoutrer, vinrent toutes trois pour se montrer, comptant l'emporter sur moi en bonne mine; mais elles avaient trop à faire, ce croirai-je. Néanmoins le seigneur Don Juan, fort prodigue de baisements, salua ces trois innocentes à sa manière, les accolant et caressant; ce qu'elles ne trouvèrent mauvais : seulement la petite Françoise lui dit malignement :

« Hé! monseigneur, votre barbe point : ne la faites-vous onc quand vous embrassez les dames?

» — Ma fille, reprit-il, à la guerre le barbier et l'étuviste ne sont guère achalandés, et nous taillons moins volontiers notre poil que bras et têtes.

» — Par la Garonne ! s'écria Chicot, mes belles, quand vous verrez le seigneur Don Juan en justaucorps de satin, et resplendissant d'or et pierreries, aucun ne vous duira davantage.

» — Je nie cela, dis-je non sans vergogne; celui

que l'on aime bien semble toujours le mieux fait pour plaire et le plus beau comme le plus avenant.

» — Grand merci, répondit Bellegarde, madame; cet aveu ne pouvait venir à meilleure enseigne. »

M. Annibal d'Estrées, son missel en main ou tout autre livre, ce pensai-je, tirait droit vers nous au retour de la promenade. »

« Messieurs, dis-je, je vous recommande monsieur notre frère Annibal. »

» — Vive Dieu! répondit Don Juan, à son air comme à ses vêtements, j'aperçois que monsieur n'est pas celui de votre famille qui fait la guerre pour le roi.

» — Oh! m'exclamai-je, seigneur, qui vous a si bien informé de nos affaires?

» — Monsieur de Bellegarde, dit le faux Espagnol; et j'ai en grande considération quiconque porte le nom de d'Estrées.

» — C'est avoir trop de bonté, pour un partisan de la Ligue comme vous êtes, messire, répliqua notre frère; il est vrai que mon aîné, marquis de Cœuvres, fait l'apprentissage des armes sous M. de Conti.

» — Certes il s'élèvera en honneur, interrompit Françoise qui tenait ses regards fixés sur ledit Espagnol.

» — Qui en doute! mademoiselle, dit le seigneur Don Juan; et s'il est en notre pouvoir de lui aider à quelque chose, nous y travaillerons pour l'amour de vous.

» — Les Espagnols, poursuivit Bellegarde, promettent beaucoup et plus qu'ils ne tiennent.

» — Monsieur Bellegarde, s'écria Don Juan, il n'est d'un brave gentilhomme tel que vous de railler votre prisonnier qui a les mains liées.

» — J'ai tort et le confesse, dit Bellegarde.

» — Dieu m'est témoin que j'ai grand vouloir et petit pouvoir, continua l'Espagnol; mais le roi mon maître est en bonne intelligence avec notre saint-père, et s'il dépend de moi, monsieur Annibal d'Estrées, vous serez évêque à mitre et à crosse.

» — Je vous sais gré de pareil souhait, répondit honnêtement notre frère riant de pitié à cause de cette vanterie. On annonça que le déjeuner était sur table, et chacun d'y aller. L'air piteux de Bellegarde, ce courtois Espagnol et les gasconnades de l'autre me troublaient la cervelle; j'aurais de grand cœur consulté Périnet, qui, ayant de loin avisé les étrangers, s'était caché en quelque coin de peur d'être interrogé. Bellegarde me parut froid et contraint, et si mal cependant à mes caresses, que je fus en humeur de lui tourner le dos sans autre compliment. L'Espagnol, de son idée, s'était placé à ma gauche, et ne quittait pas la vue de ma personne. Mon embarras devenait grand, et je me repentais d'avoir invité à rester ce rustre de si près regardant. Il mangeait et buvait largement avec force santés en mon honneur.

» Messieurs, dit-il, pour faire mentir le proverbe, *la vérité dedans le vin,* je vous convie de boire à la conservation, gloire et triomphe de la très sainte Ligue!

» — Monsieur, holà! cria mon frère Annibal, songez qui vous êtes et qui nous sommes : la maison d'Estrées est toujours demeurée fidèle au parti du roi.

» — Excepté notre oncle de La Bourdaisière, remarqua Diane, lequel commande pour l'Union en la ville de Chartres.

» — Le seigneur Don Juan s'amuse, dit Bellegarde.

» — La plaisanterie est trop verte, repris-je d'un ton sévère, et c'est trahir l'hospitalité que de chagriner ses hôtes.

» — M'est avis, se récria Françoise, qu'il n'y a inconvénient aucun à tenir même langage que le seigneur Don Juan.

» — Fi! petite ligueuse, repartit Diane, ce seigneur espagnol vous ferait abjurer votre foi.

» — Non, ventresaintgris! dit ce Don Juan, je boirai d'aussi raide lampée à la prospérité du roi de France et de Navarre.

» — Nous ne laisserons passer cette santé sans faire chorus, rétorqua M. Annibal d'Estrées! Haut les verres et tout pleins!

» — Seigneur, dis-je, si vous tenez pour la Ligue, vous ne ferez rien qui soit contre les vôtres et vous-même; au contraire, si vous avez le cœur au parti du roi, que n'y tenez-vous par les armes?

» — Ma belle dame, répondit-il gracieusement, ce m'est un avertissement dont je ferai mon profit. Plût à Dieu que tout le monde fût du même parti que moi!

» — N'en désespérez, reprit Bellegarde; en tout cas nous voici d'un bel accord pour la santé du roi.

» — Ah! crâne de Gascon! s'écria Chicot regardant l'Espagnol, je donnerais ma vie pour que le roi pût assister à cette fête et trinquer avec nous. »

Ici le faux hidalgo essuya une larme ruisselante dessus sa joue. Françoise leva de nouveau son verre en criant :

« Vive le roi!

» — Maintenant, fit Don Juan d'une voix émue, pensez-vous, mes amis, que l'avantage demeure au roi?

» — Cap dé Diou! s'écria Chicot! la juste cause prendra le dessus, ou ma lame de Verdun se changera en plume d'oie.

» — Oui, tôt ou tard, dit Bellegarde, le roi règnera en son Louvre; mais qu'il n'aille dépenser le temps en amourettes et fadaises.

» — Vrai, remarqua M. Annibal, ce bon prince, voluptueux comme Sardanapale, a maintefois pour une fillette perdu les fruits d'une victoire.

» — Ainsi, continua Bellegarde, à l'heure qu'il est, et je ne le crois point, on dit qu'au lieu de poursuivre le duc de Parme, qui s'en fuit avec son armée aux Pays-Bas, Sa Majesté néglige sa couronne pour tenir des paris touchant la beauté des dames.

» — A vous ouïr, monsieur de Bellegarde, interpréta Françoise, les dames ne seraient comptées pour rien.

» — Ah! repris-je, ne se rencontrera-t-il quelque nouvelle Agnès Sorel qui use noblement de l'amour du roi pour l'inciter à défendre son royaume et son bon droit contre les ligueurs, qui sont les Anglais d'à présent

» — Oui, dit ensuite Don Juan en soupirant, mais de telles amours sont rares aujourd'hui.

» — Comme de tout temps, répondis-je : aimer est une science que beaucoup ignorent et que beaucoup traitent mal.

» — Que si cette science s'apprenait, ma chère dame, je vous en demanderais des leçons. »

A ces mots Bellegarde perdit contenance, frappa du pied, et détournant l'entretien, requit son prisonnier de chanter quelque chanson pour égayer l'assemblée.

» Je ne m'en dédirai, reprit Don Juan, mais des romanceros espagnols, ils ne vous plairaient sans les entendre; je veux vous dire une chanson de France que volontiers chante le roi Henri. »

Je fis querir Périnet pour jouer du luth en accompagnement des paroles; il est d'un art merveilleux à tirer des cordes les sons les plus divins, qu'on croirait ouïr Amphion bâtissant les murs de Thèbes, ou bien Orphée attirant les monts et les ours par sa musique. Vint Périnet, tête baissée, comme n'osant regarder le chantre espagnol, et se mit à jouer l'air sur son luth, ce pendant que l'autre chantait clairement la belle chanson que composa le roi pour son amie Corisande d'Andoins. Cette chanson, qu'il m'a dédiée depuis, est un miracle de poésie et d'amour, et la récrivant ici, j'aurai encore le plaisir renouvelé de songer à l'auteur et chanteur.

CHANSON

Sur l'air du noel : Jésus pleure.

Viens, Aurore!
Je t'implore,
Je suis gai quand je te vois;
La bergère
Qui m'est chère
Est vermeille ainsi que toi.

De rosée
Arrosée,
La rose a moins de fraîcheur;
Une hermine
Est moins fine,
Le lait a moins de blancheur.

Pour entendr
Sa voix tendre
On déserte le hameau,
Et Tityre
Qu'elle attire
Fait taire son chalumeau.

Elle est blonde,
Sans seconde
Elle a la taille à la main;
Sa prunelle
Étincelle
Comme l'étoile du matin.

D'ambroisie
Bien choisie
Hébé la repait à part;
Et sa bouche,
Si j'y touche,
Me parfume de nectar.

Pendant ce chant fort agréable, j'avais la pensée suspendue et me dépitais de n'avoir que deux oreilles; lorsqu'il fut fini, applaudissements firent un beau bruit, et je dis toute émue :

« Monseigneur, si vous étiez mon prisonnier, je ne vous rendrais de long-temps la liberté.

» — Pourquoi cette crudélité, ma chère dame? fit-il.

» — Pour ce qu'à vous entendre j'aurais une jouissance singulière et non encore éprouvée.

» — A ce prix je voudrais devenir votre captif, et adorerais mes chaînes.

» —Sus! il est grand temps de partir, dit Bellegarde. Sire Don Juan; à nos selles!

» — Ventresaintgris! reprit l'Espagnol, rien ne presse.

» — Votre parole? répondit Bellegarde.

» — Maudit Bellegarde! murmura Don Juan.

» — Quoi! monsieur de Bellegarde, arrêtai-je, le temps pour vous est sans ailes auprès de moi : je serais aise de vous entretenir seul à seule.

» — Moi de même,» répondit-il déjà radouci.

L'Espagnol me regarda sortir avec crève-cœur, et portant envie à mon cavalier suivant. Ce pendant que je fus absente, une petite heure environ, il ne dit mot, et soupira grandement à part soi. M. Chicot, pour qu'on fût distrait de ce pauvre affligé, vida tout son arsenal de railleries et bouffonneries, jusqu'à faire rire mes sœurs et monsieur mon frère. Je m'étais rendue au jardin avec Bellegarde, à qui je dis de prime-saut :

« Monsieur, l'amour n'est pas tyrannie, et j'entends que vous m'aimiez comme je vous aime ; sinon, point.

» — Ma chère Gabrielle, je vous aime plus que femme au monde, et ne suis de ceux qui, par inconstance, aimeront la première fille moins que laide.

» — Vraiment ! depuis tantôt douze mois êtes privé de me voir, et pour un jour que vous venez en passant, je suis à désirer que ne veniez onc, tant votre abord est rude, votre parole aigre et votre flamme refroidie.

» — Que mal vous me connaissez et jugez ! ma chère ; je ne vous aimai jamais tant !

» — C'en est trop comme cela, je vous jure.

» — Comment ? de quel œil devais-je observer les ruses et manéges d'un rival ?

» — Oh ! le beau rival, qui dans une heure

sera loin, et dans deux jours hors de France!

» — Ne vous y fiez, pour Dieu! je voudrais le savoir en Grenade : j'entends le rival.

» — Que ne vous faites-vous plutôt jaloux de Périnet, qui, été comme hiver, jour ou nuit, ne me délaisse.

» — Bon! les astrologues ne regardent pas les astres dessus terre.

» — Finalement quel est ce seigneur espagnol qui a tant d'estime pour les dames et chante à merveille?

» — Je ne vous en dis davantage pour le présent, et vous supplie, par Dieu et diable! de ne le plus recevoir.

» — Quoi! imaginez-vous qu'il puisse encore revenir?

» — J'en jurerais, et vous prie de ne point encourager ce beau sire.

» — S'il ne faut que cela pour vous rendre bien content, ainsi sera-t-il.»

Chose étrange! je n'eus un instant le soupçon de qui ce pût être, et ledit Espagnol me semblait un peu bien insensé; seulement son grand diable de nez dont il m'avait meurtri la face en la baisant me revenait incessamment en esprit comme si je l'eusse jà examiné quelque part. Bellegarde et les deux gentilshommes prirent congé de nous, avec remerciements de notre bon accueil. Néanmoins mondit Espagnol avait l'âme serrée de s'en aller d'où il était si bien. Traversant la basse-cour pour monter à cheval, il désigna de l'index la loge aux pourceaux.

» Ventresaintgris ! monsieur de Bellegarde, s'écria-t-il, voyez ci la demeure qu'avait élue le gros Mayenne.

» — Quoi ! dis-je frappée de cette parole, seigneur, qui vous a conté cette aventure ?

» — Mademoiselle Françoise d'Estrées, reprit-il sans être déconcerté, et j'en ferai le récit à tous mes amis.

» — Adieu, ma mie, fit Bellegarde en me baisant à tout coup ; adieu pour peu de temps. Que si vous revoyez ledit Don Juan, fermez bien votre huis et encore votre fenêtre, car il n'est de plus fin dénicheur de filles.

» — Adieu, ma trois fois belle Gabrielle,

s'écria l'Espagnol ; je voudrais n'être onc venu ou souvent revenir.

» — Notre maître, répondit Bellegarde, vous attendrez, pour ce, que la paix soit faite, et vous irez à la cour du roi Henri, où la madame de Bellegarde, ci-devant Gabrielle, brillera entre toutes.

» — Vous n'êtes encore marié, compère, et nous ne vous en donnerons le loisir et la licence. Adieu donc, messieurs et dames. Monsieur de Bellegarde, vous avez sans conteste gagné la gageure. »

Ce fut tout ce que l'on entendit du pourparler qui commençait entre eux, car à bons coups d'éperons aux flancs des chevaux ils se lancèrent au galop, et en suivant la route de Soissons, où, disaient-ils, force leur était d'arriver, ils disparurent en des nuages de poudre.

» Vive le roi ! s'écria Périnet ôtant son chaperon.

» — Cet Espagnol, dit Julienne, porte un nez insigne que je me souviens avoir vu quelque part.

» — Cela sent le mystère, ajoutai-je prêtant l'oreille aux pas des chevaux qui s'éloignaient; le seigneur Don Juan a parlé de gageure; serait-ce pas une mascarade? Mais ce n'est l'époque du carnaval.

» — Par mon missel! s'exclama notre frère Annibal, ce soi-disant Espagnol a l'encolure et l'apparence d'un galant déguisé.

» — N'est-ce pas notre sœur Gabrielle qu'il vient visiter? répétèrent ensemble mes trois sœurs.

» — Vrai Dieu! reprit M. Annibal, c'est à l'insu de M. de Bellegarde. Ce beau courtisan, qu'il n'y revienne, avec sa langue dorée! car tout homme d'église que je sois, je tiens à famille noble et d'épée!

» — Ma foi! répondis-je, monsieur mon frère, vous n'avez pas le jugement sain, et dans les ordres il faut gêner les passions de la chair; car la colère est un péché mortel.

» — Patientez, dit Périnet; vous aurez des nouvelles du prisonnier espagnol qui quête une prison.

» — Ma sœur, dit à basse voix Françoise me tirant à part, je vous confie mon secret ; vous ne savez quel est ce seigneur espagnol ?

» — Nenni dea !

» — C'est sans nul doute Henri, roi de France et de Navarre ! »

FIN DU TOME PREMIER.

TABLE DES SOMMAIRES

DU TOME PREMIER.

Introduction.—Papiers trouvés après la mort de Gabrielle d'Estrées. — But que s'est proposé le secrétaire en recueillant ces Mémoires. — Détails sur l'ancienne famille d'Estrées et sur Jean d'Estrées. — Frères et sœurs de Gabrielle. — Sa naissance. — Son père. — Son portrait. — Le songe. — Caprices de Henri III. — Le duc d'Épernon à Cœuvres. — Courtisanerie. — Mission de M. de Montigny. — Marché conclu. — Gabrielle est conduite à Saint-Germain. — État de la cour de France. — MM. de Bellegarde et de Longueville. — Les rivaux. — L'oratoire du roi. — Le duel. — Continence de Henri III. — Montigny puni. — Dévotion en amour. — Sébastien Zamet à Cœuvres. — Amours de Gabrielle et de Bellegarde. — Brunet et Stenay. — Les deux prétendants. — *Le roi boit!* — Retour de Bellegarde. — Gabrielle justifiée d'avoir vécu avec le cardinal de Guise. — L'amour et l'admiration . . . .

Chapitre Ier. — L'astrologie. — Mahom. — La chasse du roi à Fontainebleau. — Première apparition du grand-veneur. — Cosme Ruggieri. — *Bourbe* et *Bourbon*. — Débauches de madame d'Estrées. — Le clapier de catins. — Les sœurs. — La veillée. — Une visite de Bellegarde. — L'image de cire. — Conjurations magiques chez les jacobins. — Situation des affaires en 1589. — Périnet. — Gabrielle se rend à Saint-Cloud. — M. de La Guesle. — Singulière question. — Le jeu du roi. — Tristes pressentiments. — Le bréviaire et saint Bellegarde. — Les deux étoiles. — Le comte d'Auvergne et Jacques Clément. — Portrait de ce jacobin. — L'interrogatoire. — Le coutelas et l'histoire de Judith. — La nuit du 31 juillet. — Assassinat de Henri III. — Récit de M. de La Guesle. — Le docteur du Portail. — Espérances. — Le cadavre. — Portrait du roi de Navarre. — Avis de Bellegarde. — Mort du roi. — Supplice de Jacques Clément. — Les entrailles. — Combat de MM. de l'Isle-Marivaux et de Marolles. — Joie dans Paris, à l'occasion de la mort de Henri III. — Les écharpes. 4

Chap. II. — Gabrielle écrit à son père. — Mariage de Marguerite, sa sœur. — Madame d'Estrées et M. d'Alègre. — Gabrielle va voir sa mère. — La croix du Trahoir. — L'hôtel d'Estrées. — Alarme. — Expédient et sacrifice. — Le lit. — Visite dans l'hôtel. — Gabrielle malade. — Anxiétés. — Fuite de M. d'Alègre. — Retour de Gabrielle à l'hôtel Zamet. — État des choses. — L'amour. — Les cornettes. — La mère de Jacques Clément. — Lettre de Bellegarde. — Bataille d'Arques. — Galanteries de Henri IV. — Bourgeois pendus. — Rousse. — Le roi devant Paris. — Le *petit Feuillant*. — Maître Engoulevent. — Son éloquence. — Bon augure. — Le cavalier espagnol. — La Chapelle-Marteau. — Bussy-Leclerc. — Les ligueurs et les royaux. — Conseils de Gabrielle et de Zamet à Bellegarde. — Le souper. — Aventure du clocher de Meulan. — Convive inattendu. — Le narcotique. — Départ de Bellegarde. — Le faux messager. — Réveil de Bussy-Leclerc. — Henri IV attaque Paris et em-

porte les faubourgs. — Le mercier. — Vive la ligue! vive le
roi! — Retraite de Henri IV. — Un mot historique 85
Chap. III. — Éloge de Zamet. — But de ces Mémoires. —
Origine de Zamet. — La queue du chien d'Alcibiade. — Les
charmes de la voix. — Paradoxe. — Zamet cordonnier. — Le
Credo. — Marguerite Leclerc du Tremblay. — Enfants de
Zamet. — Mort de Marguerite. — Hamilton, curé de Saint-
Côme. — Le couvent. — Le chevalier d'Aumale. — Les deux
rivales. — Une ruse de femme. — Le cardinal Cajetan, légat
du pape. — Son entrée à Paris. — Les arquebusades. — Les
harangues. — La mule et le coche. — Gabrielle blessée d'un
coup d'arquebuse. — Vengeance de M. d'Aumale. — Le légat
et sa suite. — Hémorrhagie. — Guérison. — Procession aux
Augustins. — Adieux du chevalier d'Aumale à Gabrielle. —
Mauvais présage. — Bataille d'Ivry. — Le panache blanc. —
Défaite de Mayenne. — Comment la nouvelle en vient à
Paris. — Fureurs des ligueurs et des Seize. — Du Tremblay
sauvé par son cheval. — Le ligueur incorrigible. — Les cen-
dres de Jacques Clément. — La croix de Lorraine. — Retour
du chevalier d'Aumale. — Ses aventures à la déroute d'Ivry;
Bellegarde lui sauve la vie; les prisonniers de M. de Rosny.
— Négociations. — Situation de Paris. — Les prédicateurs.
— Conférence entre Gabrielle et madame de Sourdis. — Le
nuage. — Henri IV assiége Paris. 142
Chap. IV. — Joie de Zamet. — Gabrielle se décide à ne pas
sortir de Paris. — Prophétie. — Lanoue *Bras-de-Fer*. —
Souvenez-vous de moi. — Autre prophétie de Périnet. — Blo-
cus de Paris. — Précautions du duc de Mayenne. — Mort
du roi Charles X. — M. de Nemours. — Fonte de canons. —
Fortifications. — La tour de Babel. — Naïveté du jésuite Com-

melet. — Bouffonneries d'Engoulevent. — Source de ces détails. — Conseil chez le duc de Nemours. — Détermination de Zamet. — Dénombrement des habitants et des vivres. — Les boulangers. — Une expédition du chevalier d'Aumale. — Promesse d'un baiser. — Retour. — Le trophée. — Sacrilége. — L'abbaye Saint-Antoine. — Dévouement de du Tremblay. — Explosion. — Pillage. — Le prix du brave. — Ce qui rend invincible. — Commencement de la disette. — Leurres du duc de Mayenne. — Les chances. — La revue. — Les carrosses. — Description de la revue monacale. — Rose, évêque de Senlis. — Hamilton, curé de Saint-Côme; le petit Feuillant. — Les jeûnes dans les couvents. — Une arquebusade. — Ses tristes effets. — Le compère Moret et les mécontents. — Justice ligueuse. — Sortie des assiégés. — Promenade à la porte de Nesles. — Les bourgeois en sac. — La Ligue et Louis XI. — Le procureur Regnard. — Détresse des pauvres. — Arrêt de mort contre la paix. — Courage de M. d'Aumale. — Sa complaisance. — Canonnades. — Les conseillers de Henri IV. — La bouillie. — L'argent et le pain. — Assemblée des ecclésiastiques. — Visite de leurs maisons. — Le père Tirius, recteur des jésuites. — Vœu de pauvreté. — La Chapelle-Marteau, Bussy-Leclerc et Zamet. — Achat du silence. — Les chats et les chiens. — Générosité aux dépens de Dieu. 193

Chap V. — Lettre de Diane, sœur de Gabrielle. — Prière de revenir. — M. le duc de Mayenne en Picardie. — Sa visite au château de Cœuvres. — Son portrait. — Doublons d'Espagne. — *Mariez-moi!* — Les maris de Gabrielle. — Arrivée de Henri IV. — Mayenne et la loge aux porcs. — Voyage secret du roi. — Les filles de M. d'Estrées. — Un couvert de plus. — Les dots. — Épreuve. — Grandeur d'âme du Béarnais. — Son départ. — Le ventre du duc de Mayenne. — Le ligueur endurci. — Lettre de M. de Bellegarde. — Propos d'amant. — La religieuse de Longchamp. — Henri IV généreux en amour. — Le confesseur et la médecine. — Claudine de Beauvilliers. — Visite à Montmartre. — Haine aux religieuses. — L'enfant. — Le quatrain. — Audace et mystère. — Les yeux bandés. — Scène de féerie. — Les nouveaux-venus. — L'abbesse. — Continence de Bellegarde. — Les sept Psaumes de la Pénitence. — Retour. — Être et paraître. — Extrémités auxquelles Paris est réduit. — Les peaux. — Émeute. — Les pains d'ardoise et d'os de morts. — Malédiction. — Pèlerinage de Gabrielle. — Terreur panique. — Les plaies d'Égypte. — Le passe-port. — Départ de Gabrielle. — Douleur du chevalier d'Aumale. — Jalousie de Bellegarde. 251

Chap. VI. — Les maris. — Gabrielle à Cœuvres. — Son père. — Ses sœurs. — Vie de château. — Les correspondances. — Lettre de Zamet. — Succès de la Ligue. — Mayenne et Louis-le-Gros. — Les débiteurs. — Envoi. — Lettre d'amour du chevalier d'Aumale. — La toilette et le trône. — La langue de feu. — Explication de ce phénomène. — Retraite du duc de Parme. — Situation de Henri IV. — Le roi et le surintendant. — Le moulin. — Sagesse d'un bouffon. — La meunière. — La table. — Le grenier. — Il ne faut pas disputer des goûts. — Le mari mouillé. — La gageure imprévue. — Les souhaits; l'eau du moulin et l'enfant. — Le meunier cocu et content. — Mauvaise humeur de Bellegarde. — Le différend. — Honneur à la plus belle. — Autre gageure. — Conditions du pari. — L'amant jaloux. — Mission secrète de Rousse. — Ruse inutile. — Départ manqué. — Arrivée d'Annibal d'Estrées. — Les sœurs envieuses. — Étymologie de *Gabrielle*. —

Les horoscopes. — La chiromancie. — Le prêtre-capitaine. — Exemples. — La nuit du jour. — Songe. — Mauvais augure. — Promesses d'un royal amant. — Les nouveau-venus. — Le seigneur espagnol. — L'accolade. — Le prisonnier. — Galanterie castillane. — La barbe. — Les deux frères. — Promesses. — Le déjeuner. — Les toast. — Vérité dans le vin. — Agnès Sorel. — Périnet joueur de luth. — Chanson d'Henri IV. — Les chaînes. — Signal du départ. — Conseils de Bellegarde à Gabrielle. — Jalousie et mystère. — Adieux. — Gageure gagnée. — Ce que c'était que le seigneur Don Juan. 303

FIN DE LA TABLE DU TOME PREMIER.

www.ingramcontent.com/pod-product-compliance
Lightning Source LLC
Chambersburg PA
CBHW052045230426
43671CB00011B/1791